Neuhold | DIE *Krankheiten* DER HERRSCHER

VdÄ

Dr. Helmut Neuhold

DIE Krankheiten DER HERRSCHER

Wie Hämorrhoiden & Co. die Weltgeschichte beeinflussten

VdÄ VERLAGSHAUS DER ÄRZTE

Die Grafiken im Buchkern stammen von Shutterstock (siehe unter Umschlagfotos) bzw. von Lisa Hahsler.

Nibelungengasse 13
1010 Wien
Österreich

www.aerzteverlagshaus.at

1. Auflage 2022

ISBN 978-3-99052-250-9

Umschlag: Grafikbüro Lisa Hahsler, 2232 Deutsch-Wagram
Umschlagfotos: Shutterstock (Sahs und Gearstd)
Grafik: Grafikbüro Lisa Hahsler, 2232 Deutsch-Wagram
Projektbetreuung: Hagen Schaub
Druck & Bindung: 2imPRESS s.r.o., 83104 Bratislava
Printed in Slovakia

STATT EINES VORWORTS

Hämorrhoiden und Waterloo sowie ein blutender Kronprinz und der Sieg des Kommunismus

„Solange das Blut fließt, lebt der Mensch."

Bruno Ziegler (1879–1941)
deutscher Bildhauer

Verlor **Napoleon Bonaparte** (1769–1821) seine wichtigste Schlacht, die auch das endgültige Ende seiner machtpolitischen Ambitionen bedeutete, weil er an Hämorrhoiden litt? Die Geschichte könnte einer fetten Schlagzeile in einem einschlägigen Boulevardblatt entnommen sein: Der sicherlich militärstrategisch geschickteste Kopf seiner Zeit wäre quasi an seinem Hämorrhoidenleiden gescheitert und hätte aufgrund der damit verbundenen Schmerzen und Unpässlichkeiten Entscheidungen getroffen, die seinen Truppen auf dem Schlachtfeld von Waterloo im heutigen Belgien quasi die ultimative Niederlage beschert hätten. Eine Geschichte, die man immer wieder lesen kann. Aber stimmt sie überhaupt?

Dass Napoleon an Hämorrhoiden gelitten hat, dürfte der Fall gewesen sein. Und wenn diese jahrelang unbehandelt bleiben, können sie sich auch zu einem ernsten Gesundheitsproblem auswachsen und starke Schmerzen verursachen. Dies wird bei Napoleon tatsächlich der Fall gewesen sein.

Wobei der Gesundheitszustand des Korsen auch aus anderen Gründen nicht mehr der beste war (siehe Seite 66) und er wohl auch deswegen die ihm Jahre zuvor noch eigene Vitalität und Reaktionsschnelligkeit auf dem Schlachtfeld erheblich eingebüßt hatte. Als seine Truppen zwei Tage vor Waterloo die Preußen bei Ligny schlugen, unterließ er es daher auch, die Besiegten weiter verfolgen zu lassen, was es diesen ermöglichte, sich neu zu sammeln. Während sich Napoleon unter anderem seinen körperlichen Leiden „widmete".

Als sich Franzosen und Briten kurz darauf bei Waterloo gegenüberstanden, litt Napoleon unter derart großen Schmerzen am Analbereich, dass er sich gegen 10.00 Uhr am Vormittag nochmals kurz ins Bett legen musste, statt den Angriffsbefehl zu erteilen. Das Gemetzel von Waterloo begann somit erst gegen 11.30 Uhr, wobei der Kaiser das Geschehen auch nicht wie sonst vom Pferd aus verfolgte, weil er aufgrund seiner Schmerzen nicht im Sattel sitzen konnte. Ob ihm so ein gewisser „Überblick" gefehlt hatte? Und hatte man dem Kaiser vielleicht sogar auch Drogen gegen die Schmerzen verabreicht, die seine Entschlusskraft beeinträchtigten?

Dass die Zeit an diesem Tag eine entscheidende Rolle spielen würde, wurde erst später klar, denn durch den mit Verzögerung erteilten Angriffsbefehl gelang es letztendlich den heranziehenden preußischen Truppen, noch entscheidend in das Kampfgeschehen einzugreifen und die stark in Bedrängnis stehenden Briten zu unterstützen. Dies sollte dann auch die Entscheidung herbeiführen und die französische Armee wurde fast vollständig aufgerieben. Inklusive der alten Garde, die sich noch bis zuletzt um ihren Kaiser versammelt hatte, um den völlig sinnlosen „Heldentod" zu sterben.

Damit waren Napoleons Ambitionen, noch einmal grundlegend in die Geschichte Europas einzugreifen, endgültig begraben, der Kaiser wurde schließlich von den Siegermächten auf die weit entfernt im Atlantik liegende Insel St. Helena verbannt, wo er sechs Jahre später verstarb.

Hatten ihn seine Hämorrhoiden aber wirklich den Sieg über die gegen ihn verbündete Koalition gekostet? Möglicherweise hätte ein gesundheitlich fitter Napoleon bei Waterloo mit den Briten kurzen Prozess gemacht, vielleicht hätte er zuvor auch schon die preußischen Truppen aufgerieben. Allerdings hatte niemand in

Europa ein wirkliches Interesse daran, den Korsen nochmals gefestigt auf dem französischen Thron sitzen zu sehen, und so hätte sich Napoleon über kurz oder lang mit weiteren Armeen konfrontiert gesehen, die gegen ihn zu Felde gezogen wären. Hätte er sie alle immer wieder schlagen und sich noch einige Jahre als Kaiser der Franzosen halten können? Und was hätte das in Europa geändert? Hätte es das reaktionäre Metternich'sche System dann nicht gegeben?

Szenenwechsel. Der im Jahr 1904 in Sankt Petersburg geborene Alexei Nikolajewitsch Romanow war ein hübscher Junge mit einem freundlichen Charakter. Er schien die große Hoffnung einer Dynastie zu sein, die zunehmend in Bedrängnis geraten war. Und er schien auch einige der an ihn gestellten Erwartungen zu rechtfertigen. Wenn er nur nicht ständig geblutet hätte. Der liebevoll „Aljoscha" genannte Zarewitsch war als Bluter das Opfer einer gefürchteten Erbkrankheit, die schon anderen blaublütigen Dynastien zugesetzt hatte.

Vererbt bekam er die sogenannte Hämophilie B von seiner Mutter, nachweisbar ist sie aber auch schon für seine Urgroßmutter Victoria von Großbritannien und Irland. Bei diesem zum Teil auch sehr schmerzhaften Leiden, das neben äußeren auch innere Blutungen verursacht, handelt es sich um eine klassische Erbkrankheit, bei der die Blutgerinnung gestört ist. Das aus Wunden austretende Blut gerinnt dann gar nicht oder nur sehr schlecht, wobei Blutungen auch ohne sichtbare Verletzungen entstehen können.

In einer Zeit, als die Medizin nicht in der Lage war, diese oft spontan auftretenden inneren und äußeren Blutungen der Kranken unter Kontrolle zu bringen bzw. zu stoppen, wurde kaum ein von dieser Krankheit Betroffener wirklich alt. Die Meisten starben bereits in der Kindheit. Ständig musste alles vermieden werden, was zu Verletzungen und Blutungen führen konnte.

Wie so oft in der Geschichte, griffen auch Alexeis Eltern schließlich aus Verzweiflung zum letzten noch denkbaren Mittel, nachdem bei einer erneuten heftigen Blutung des Zarewitschs die Schulmedizin völlig versagt hatte: Ein Wunderheiler musste her. Das Schicksal wollte es, dass sich einer geradezu anbot. Sein Name war Rasputin und er war ein ziemlich ungepflegt wirkender Wanderprediger aus der Provinz, dem aber der Ruf vorauseilte, ein großartiger Geistheiler zu sein.

Der 1869 geborene Rasputin kam, trat ans Bett des Zarensohns – und die akut vorliegende lebensgefährliche Blutung versiegte. Die Zarin betrachtete den ungepflegten Mönch, dem zudem ein liederlicher Lebenswandel nachgesagt wurde, fortan als Heiligen und erbat zu allen möglichen Themen seinen Rat. Rasputin ging seither am Zarenhof ein und aus und sein Einfluss auf die kaiserliche Familie übertraf bald alle Erwartungen.

Das „gemeine" Volk, dem man die Bluterkrankheit von Alexei vorenthalten hatte, wunderte sich über den Einfluss einer Person wie Rasputin auf die Herrscherfamilie. Zar Nikolaus II. und seine Gemahlin Alexandra Fjodorowna, vormals Prinzessin Alix von Hessen-Darmstadt, hatten sich durch eine Reihe ungeschickter politischer Entscheidungen schon zuvor nicht allzu großer Beliebtheit erfreut, aber der seltsame Wandermönch brachte noch weitere Gesellschaftsschichten gegen die Romanows auf. Und im Hintergrund lauerten schon die Revolutionäre. Als Russland im Ersten Weltkrieg mehrere schwere militärische Niederlagen erlitt und der Zar wenig Führungsqualitäten zeigte, fiel zunächst der verhasste Rasputin im Jahr 1916 einem Mordanschlag zum Opfer. Die Zarenfamilie sollte ihren seltsamen Hausfreund nicht allzu lange überleben und wurde im Juli 1918 schließlich ebenfalls Opfer der entmenschlichten Bolschewiken, die ihren Hass auf den russischen Adel in einer brutalen Exekution zelebrierten. Der 13-jährige Zarewitsch wurde dabei von mehreren Kugeln getroffen und war immer noch am Leben, selbst Bajonettstiche schienen ihm kaum etwas anhaben zu können. Schlussendlich gelang es dem Exekutionskommando aber doch, ihn zu töten. Ein Wunder war sein langer Todeskampf freilich nicht, denn der bluterkranke „Aljoscha" trug ein Hemd, in das zahlreiche Edelsteine eingenäht waren, die ihn zunächst vor tödlichen Verletzungen geschützt hatten.

Es gilt unter Historikern als nicht eben seriös, die Frage nach dem „Was wäre wenn?" zu stellen. Aber diese Frage wird in diesem Buch immer wieder gestellt werden – sie drängt sich geradezu auf. Was wäre mit der Zarenfamilie und letztlich Russland passiert, wenn der Zarewitsch nicht an Hämophilie gelitten und Rasputin niemals am Hof der Romanows erschienen wäre? Hätte es dann die bürgerliche und die bolschewistische Revolution überhaupt gegeben? War Alexeis

Krankheit also (mit)schuld am Untergang der Zarendynastie und dem Beginn der nicht weniger brutalen kommunistischen Herrschaft?

Und welche Rolle spielten Erkrankungen bedeutender Persönlichkeiten überhaupt? Konnten sie den Gang der Weltgeschichte beeinflussen?

Herrscher und gekrönte Häupter waren und sind Menschen aus Fleisch und Blut. Krankheiten aller Art blieben ihnen deshalb nicht erspart, manche Erbkrankheiten und Degenerationen wurden sogar speziell durch gezielte Heiraten in kleinen dynastischen Zirkeln herbeigeführt. Die Heirat von Cousin und Cousine war lange Zeit bei vielen Familien des Hochadels ja fast die Regel.

Neben den Erbkrankheiten setzten auch Seuchen unterschiedlichster Art den großen Dynastien zu. Auch wenn nur vergleichsweise wenige Angehörige des regierenden Hochadels an der Pest starben, so hielten doch Seuchen wie die Pocken und die Syphilis auch in den vornehmsten Schlössern blutige Ernte.

König Balduin IV. von Jerusalem (1161–1185) zeigte schon in seiner Kindheit Symptome von Lepra und die Krankheit zerstörte seinen Körper relativ schnell. Der begabte Herrscher, der als Kranker sogar noch Armeen zum Sieg über seine arabischen Gegner führen konnte, musste sein entstelltes Gesicht mit einer Maske bedenken, da er dessen Anblick seiner Umwelt nicht zumuten konnte. Er verbreitete heftigen Gestank und verfaulte buchstäblich bei lebendigem Leib. Sein Königreich sollte ihn nur kurz überleben. Was wäre aus dem Königreich der Kreuzritter geworden, wenn Balduin IV. von der Lepra verschont geblieben wäre und seinen Gegner Saladin niedergeworfen hätte?

Viele Angehörige von Dynastien wie etwa die Hohenzollern litten unter der Gicht. Das machte sie permanent leidend, psychisch labil und oft ziemlich bewegungsunfähig. Hatte diese Krankheit nicht auch enorme Auswirkungen auf die Geschichte?

Heiraten unter Verwandten, wie sie besonders die Habsburger praktizierten, hatten massiven Einfluss auf den Fortbestand ihrer Dynastie. Besonders die spanische Linie endete im völligen Kretinismus. Der geistig und körperlich völlig degenerierte Karl II. (1661–1700) war dabei das vielleicht erschütterndste Opfer und symbolisierte quasi den Untergang der spanischen Habsburger.

Manche Herrscher wurden wahnsinnig oder waren es bereits, als sie den Thron „bestiegen". Man denke nur an Nero (37–68), Iwan den Schrecklichen (1530–1584), Ludwig II. von Bayern (1845–1886) und seinen Bruder Otto (1848–1916) bis hin zu Josef Stalin (1878–1953) oder die schwer geisteskranken Kims in Nordkorea.

Ein weiterer sehr geschichtsmächtiger Krankheitsfaktor ist die Syphilis. Die Liste jener Herrscher- und Führerpersönlichkeiten, welche an dieser Krankheit litten und starben, ist sehr lang. Kaiser Maximilian I. (1459–1519), Papst Alexander VI. (1431–1503), Heinrich VIII. von England (1491–1547), Albrecht von Wallenstein (1583–1634), Katharina die Große (1729–1796), Friedrich Wilhelm IV. von Preußen (1795–1861) und Wladimir Iljitsch Lenin (1870–1924) waren nur einige von ihnen.

So manch großer Plan eines genialen Feldherrn scheiterte an der Ausführung, weil Feinde am Schlachtfeld erschienen, denen man mit militärischen Waffen nicht beikommen konnte. Bakterien, Viren und Pilze machten nur allzu oft die größten Strategien zunichte. **Alexander der Große** (356–323 v. Chr.) bereitete gerade die Eroberung des westlichen Mittelmeers und der aufstrebenden Stadt Rom vor, ehe ihn wahrscheinlich die Malaria ins Jenseits beförderte. Seuchen wie die Pest, die Pocken und die Cholera ließen große Kriegszüge jämmerlich scheitern. Bis weit hinein ins 19. Jahrhundert starben bei fast jedem Feldzug viel mehr Soldaten an Seuchen und Krankheiten aller Art als durch Feindeinwirkung. Die Verluste, welche die US-Army noch im Ersten Weltkrieg durch die Spanische Grippe erlitt, betrugen ein Vielfaches der Toten an der Front.

Der Bogen spannt sich weiter zu tropischen Krankheiten, die ganze Kolonien der Eroberer ausrotteten und zum „Grab des weißen Mannes wurden" und bis hin zu Gemeinschaften und Staaten, denen wiederholte Seuchenzüge oder die Malaria den Lebensnerv raubten. Heute ist gerade eine Pandemie dabei, unseren Planeten völlig umzugestalten und die Gefahr einer weltweiten Dystopie scheint mehr als greifbar.

Nicht nur Corona ist eine politische Krankheit, Krankheiten waren ab einer gewissen Dimension immer politisch und wurden manchmal extrem geschichtsmächtig, besonders wenn sie einen der „Großen" oder ganze Völker betrafen.

In diesem Buch soll anhand einer Vielzahl von Beispielen aufgezeigt werden, welche Auswirkungen das Phänomen Krankheit auf den Fortgang der Geschichte hatte – oder auch nicht.

INHALT

EIN SPANISCHER KRETIN UND GEKRÖNTE „IDIOTEN“

„Auch der Dummkopf auf dem Thron ist ein König.“

Jiddisches Sprichwort

„El Hechizado“ („der Verhexte“) lebte nur knapp 39 Jahre, aber für sein Land und die Zukunft Europas wäre es vermutlich besser gewesen, wenn er noch viel früher gestorben wäre. **Karl II.** (1661–1700) war der Letzte in der Linie der spanischen Habsburger und das vielleicht schlimmste Opfer der über viele Jahrzehnte betriebenen Eheschließungen nahester Verwandter.

Wer die zeitgenössischen Gemälde betrachtet, die diesen spanischen König darstellen, den schlagen der darin erkennbare Schwachsinn und Kretinismus dieses jungen Mannes in ihren Bann.

Karls Vater Philipp IV. (1605–1665) hatte eine teilweise sehr unglückliche Politik betrieben und sein Land von einem Krieg in den anderen geführt. Die Wirtschaft litt schweren Schaden und es kam mehrmals zu Staatsbankrotten. Dazu kamen schwere innere Unruhen und Aufstände. Die Regierungszeit Philipps IV. stand ganz im Zeichen des Machtniedergangs der spanischen Linie des Hauses Habsburg und des Abstiegs Spaniens zu einer zweitrangigen Macht. Philipps große Hoffnung war sein Sohn und Thronfolger Baltasar Carlos. Doch dieser starb in jungen Jahren, kurz vor seiner geplanten Hochzeit mit der Tochter von Kaiser Ferdinand III. Es kam schließlich dazu, dass Philipp IV., der inzwischen verwitwet war, selbst die Braut seines Sohnes ehelichte. Er war 42 und Maria Anna von Österreich erst 13 Jahre alt. Somit wurde die alte habsburgische Inzucht fortgesetzt, da die Tochter des Kaisers eine enge Verwandte des Königs war. Philipp IV. hatte eine Anzahl gesunder Kinder, die er mit seinen Mätressen gezeugt hatte, aber mit Maria Anna hatte er weitere, erbberechtigte Kinder, die aber zumeist gleich bei der Geburt oder wenig später verstarben. Letztlich blieben nur eine Tochter, die später wiederum den Kaiser heiratete, und sein Sohn Karl übrig.

Der nunmehrige Kronprinz erblickte am 6. November 1661 das Licht der Welt. Er war ein schwächliches und kränkelndes Kind, das von Anfang an eindeutige Degenerationserscheinungen zeigte. Hier manifestierten sich eindeutig die Folgen des über Generationen geübten Inzests. Statt 32 Vorfahren über vier Generationen hatte Karl nur 10 aufzuweisen. Immerhin sieben seiner Urgroßeltern stammten von Johanna der Wahnsinnigen ab. Karl war von Anfang an eine Art Sinnbild der spanischen Dekadenz des 17. Jahrhunderts. Man erkannte rasch, dass er weder geistig noch körperlich zum Herrscher taugen würde. Ziemlich früh wurde darüber spekuliert, dass er wohl nie Kinder haben würde und seine Mutter herrschte wie eine Glucke über ihn. Es gab sogar das Gerücht, dass der erbkranke Karl II. in Wirklichkeit ein Mädchen sei, welches man zur Rettung der Dynastie als Jungen ausgab.

Der Kronprinz wies typische habsburgische Merkmale wie längliche Schädelform und einen Vorbiss auf, aber bei ihm war das nur Teil einer gewissen Hässlichkeit. Er erschien vielen fast wie eine Karikatur. Im von Aberglauben und Inquisition gezeichneten Spanien glaubten viele, er wäre verhext worden. Die damalige Medizin konnte ihm in keiner Weise helfen und so gingen auch Exorzisten ans Werk, um dem Kind die „Verhexung" auszutreiben. Dabei hatte der Prinz auch noch einen angeborenen Herzfehler und musste ständig geschont werden. Mangels geistiger Begabung lernte er spät Schreiben und Lesen und erhielt keine höhere Bildung. Deshalb konnte er später auch nicht wirklich die Regierung führen. Sein ganzes Leben blieb ihm das infantile Verhalten eines unreifen Kindes und seine Geistesschwäche wurde nur zu oft manifest. Seine liebste Beschäftigung war das Zählen von Gegenständen.

Dennoch richteten sich nicht wenige am Hof gerne auf einen schwachen und manipulierbaren König ein. Das sollte dann auch dazu führen, dass Karl die ganze Zeit unter dem Einfluss verschiedener Gruppen und Einzelpersonen stand und sich für vieles instrumentalisieren ließ. Er war einfach zu beeinflussen, was schon seine Mutter und deren Beichtvater ausnutzten. Später waren es der Erste Minister und sein Halbbruder Juan José, ein Bastardsohn seines Vaters, die großen Einfluss auf ihn ausübten.

Philipp IV., der genau über den Zustand seines Sohnes Bescheid wusste, verfügte dennoch in seinem Testament, dass dieser mit 14 für volljährig erklärt werden und danach die Herrschaft antreten sollte. Karls Mutter tat alles, um das zu verhindern und konnte ihrem Sohn die Abmachung einreden, dass er sich erst mit 16 für großjährig erklären ließ. Dies war dann im Jahre 1675 der Fall, wobei nun auch Juan José zurückkehrte, der zuvor verbannt worden war. Karls Halbbruder gelang es rasch, die Witwe des Königs zu entmachten und die Regierung quasi zu übernehmen. Er hatte im Namen seines Bruders die Herrschaft über Spanien inne und versuchte Karl auch zu verheiraten. Dies geschah schließlich in Form einer politisch wertvollen Ehe mit Prinzessin Marie Louise von Orléans (1662–1689).

Der völlig von seiner Mutter abhängige König hatte seiner französischen Braut anlässlich der Hochzeit auch etwas ganz Spezielles zu bieten. Autodafés waren damals so alltäglich in Spanien wie bis in unsere Zeit der Stierkampf. Bei diesen Festen der Inquisition wurden verurteilte Ketzer vor einer großen Anzahl von Zusehern vorgeführt, erniedrigt und schließlich bestraft. Besonders spektakulär waren natürlich die Ketzerverbrennungen. Karl II. hatte dafür eine besondere Vorliebe und wollte diese mit seiner neuen Gemahlin teilen. Am 30. Juni 1680 wurden vor dem königlichen Paar, dem Hofstaat und tausenden Zusehern 22 Personen verbrannt und 60 andere körperlich schwer gezüchtigt. Im selben Jahr sollen bei einem anderen Autodafé weitere 118 Menschen verbrannt worden sein. Viel verkohltes Fleisch zur höheren Ehre Gottes.

Juan José starb nach nur vier Jahren an der Macht im Jahr 1679 und nun trat wieder Karls Mutter als eigentliche Herrscherin in Erscheinung. Sie tat alles, um das junge Paar von allen Regierungsgeschäften auszuschließen. Marie Louise war sehr extravagant, agierte ungeschickt im höfischen Leben und gewann kaum Freunde. Politik schien sie kaum interessiert zu haben, womit sie bei diesem Thema sehr gut zu ihrem Gatten passte. Doch der behinderte König mochte seine Frau und es schien auch so, als würde sie durch ihr Temperament positiven Einfluss auf ihn ausüben. Inwieweit es zu einem gemeinsamen Sexualleben kam, ist bis heute spekulativ, zumal Karl meistens wie ein Zehnjähriger auftrat und auch seine körperlichen Fähigkeiten umstritten waren. Jedenfalls hatte das Paar keine Kinder und zu allem Unglück erkrankte die Königin im Jahre 1689 und verstarb kurz darauf.

Karls zweite Gemahlin, Maria Anna von Pfalz-Zweibrücken, gewann rasch großen Einfluss auf den infantilen Gemahl, was natürlich zu heftigen Machtkämpfen mit Karls Mutter führte. Unterdessen wurde immer klarer, dass der König wohl kaum einen Nachkommen produzieren würde, und der ganze europäische Adel beschäftigte sich daher mit dessen Zeugungsfähigkeit. Die zweite Gattin wurde sogar extra aus dem bekannt „gebärfreudigen" Geschlecht der Wittelsbacher ausgewählt, da zumindest seine Mutter die Hoffnung auf Nachwuchs noch nicht aufgegeben hatte. Da Maria Annas Schwester mit Kaiser Leopold I. verheiratet war, waren Karl II. und er auch noch verschwägert.

Maria Anna war im Gegensatz zu ihrer Vorgängerin eine sehr politische Person und konnte sich bald eine gewisse Machtposition am Hof aufbauen, natürlich im ständigen Streit mit ihrer Schwiegermutter. Letztere starb 1696, was der jungen Königin nun freie Hand zu geben schien. Doch bei großen Teilen des spanischen Adels kam die Deutsche nicht gut an, außerdem ging es mit der ohnehin immer labilen Gesundheit von Karl II. nun stetig bergab. Er erlitt immer häufiger Bewusstseinsstörungen und Ohnmachtsanfälle. Das blieb natürlich auch den anderen europäischen Mächten nicht verborgen und einige Regenten brachten sich langsam in Stellung, um bei der bevorstehenden Aufteilung Spaniens und seiner vielen Besitzungen in Europa und Übersee rechtzeitig zuschlagen zu können.

Die Situation mutet einem heutigen Betrachter ziemlich wirr an. Natürlich bekam Karl von den ganzen Vorgängen nicht besonders viel mit, man drängte ihn zu Unterschriften unter Testamente und Abmachungen, die sehr widersprüchlich waren. Wilhelm III. von Oranien konnte schließlich einen Kompromiss durchsetzen, nach dem Kurprinz Josef Ferdinand aus dem Hause Wittelsbach die Krone Spaniens erhalten sollte. Der war eigentlich ein Großneffe von Karl II., denn seine Großmutter war die Schwester des kranken Königs. Österreich und Frankreich sollten unterschiedliche Territorien des spanischen Reiches für ihre Ansprüche erhalten. Dieser Plan hätte den schrecklichen Spanischen Erbfolgekrieg wohl verhindert, doch der junge Wittelsbacher starb bereits 1699.

Sofort versuchten wieder die Königin, viele Würdenträger bei Hof und auch die Botschafter der Großmächte den armen und schon dem Tode nahen Karl zu beeinflussen und unter Druck zu setzen. Dabei dürfte es zu regelrechten Exzessen gekommen sein, denen der Sterbende völlig hilflos gegenüberstand. Die Parteigänger der Franzosen konnten sich schließlich durchsetzen. Sie nötigten Karl zum Unterschreiben eines Testaments, in dem die Ansprüche der Bourbonen bestätigt wurden. Der fast schon tote unglückliche König hatte kurz vor seinem Tod noch einen letzten und ungewöhnlich lichten Moment, als er meinte: „Gott allein gibt die Königreiche … ich bin ein Nichts.“

Das Testament, das von Österreich und seinen Verbündeten nie anerkannt wurde, besagte, dass der Enkel Ludwigs XIV., Prinz Philipp von Anjou, die Krone Spaniens und deren Besitzungen erben würde. Das tragische Leben Karls endete am 1. November 1700 und bald darauf brach einer der größten Kriege in der europäischen Geschichte aus. Man kann nun spekulieren, wie die weitere Geschichte Europas und großer Teile der Welt wohl ausgesehen hätte, wenn Karl II. ein einigermaßen gesunder und intelligenter sowie zeugungsfähiger Herrscher geworden wäre – oder der junge Wittelsbacher-Prinz nicht 1699 gestorben wäre.

Nicht wenige der als geisteskrank einzustufenden Regenten entpuppten sich trotz ihrer intellektuellen Defizite als besonders grausam und sexsüchtig, wie die nachfolgenden Beispiele zeigen.

China hat unter allen Nationen dieser Welt die wohl längste bekannte Geschichte. Es wurde von einer Vielzahl von Herrschern geführt. Manche verfügten über großes Geschick und waren sehr erfolgreich, während andere weniger fähig waren. Aber es gab auch ein paar ganz besonders einfältige darunter, die aus heutiger Sicht an geistigen Behinderungen gelitten haben dürften. Der bekannteste Fall eines solchen völlig aus der Art geschlagenen Herrschers war **Kaiser Huan** (regierte 146–168 n. Chr.), der für seinen Harem mit 5.000 Frauen bekannt war. Die Ruinen seines Mausoleums wurden erst kürzlich entdeckt. Huan hieß eigentlich Liu Zhi und kam schon als Jugendlicher auf den Thron. Seine Machtübernahme war besonders blutig, weil er gleich einmal seine Mitregenten und allerlei bei ihm unbeliebte Leute umbringen ließ. Danach erkor er eine Gruppe von Palasteunuchen zum Rückgrat seiner Regierung. Diese etablierten ein ziemlich unangenehmes Regime, das die meisten Adeligen vom kaiserlichen Hof vertrieb.

Der geistig eingeschränkte Kaiser beschäftigte sich hauptsächlich mit seinem Harem und galt als extrem sexsüchtig. Das Regieren überließ er weitgehend den Eunuchen, die in erster Linie damit beschäftigt waren, sich selbst zu bereichern. Durch Misswirtschaft kam es immer wieder zu Hungersnöten und Aufständen. Der Kaiser entpuppte sich dabei als völlig überfordert und griff dann auf jene Methode zurück, die er schon einmal erfolgreich praktiziert hatte: Er ließ immer wieder eine größere Anzahl seiner Hofbeamten abschlachten. Wenn jemand irgendwann sein Missfallen erregt hatte, vergaß er das nie und gab nach Lust und Laune den Befehl zur Ermordung des Betreffenden. Er zeigte sich auch ehemaligen Freunden gegenüber wenig loyal und ließ beispielsweise im Jahr 159 einen seiner höchsten Würdenträger gemeinsam mit einem wesentlichen Teil von dessen Familie umbringen.

Die Probleme des Landes verschärften sich indessen immer weiter, während Huan wüste Orgien in seinem Harem feierte. Man wurde der vielen Aufstände kaum Herr und der Kaiser ließ seine Armee brutal gegen alle Rebellen vorgehen. Die Menschen wussten inzwischen, wie viel Geld Huan in seinen Harem investierte, während viele kleine Bauern verhungerten. „Ich habe gehört, dass es im kaiserlichen Harem fünf- oder sechstausend auserwählte Konkubinen gibt, dazu noch eine Schar von Diener und Begleitern. Unschuldige Menschen werden mit der Besteuerung erschöpft, die nötig ist, um diese nutzlosen Frauen zu unterstützen. Die einfachen Leute im ganzen Reich sind in verzweifelter Armut", konstatierte Xun Shuang als Person aus dem unmittelbaren Umfeld des Kaisers. Während man nun erwartete, dass der Kaiser den Mann für diese Äußerung umbringen lassen würde, wurde er erstaunlicherweise zum Beamten bestellt.

Liu Zhi war indessen kein sehr langes Leben beschieden und er starb mit 36 Jahren, als sich bereits noch viel größere Aufstände abzeichneten.

Mit diesen hatten sich dann sein Nachfolger **Ling** (156–189) auseinanderzusetzen, der in vielerlei Hinsicht genauso unfähig und geistig beeinträchtigt war wie sein Vorgänger. Das Reich zerfiel zusehends, die Statthalter der Provinzen und einige Militärs übernahmen die Macht. Ein Chronist des 11. Jahrhunderts schrieb: „Die ruinöse Unordnung, die die Kaiser Huan und Ling geerbt hatten, wurde durch ihre eigene dumme Tyrannei noch verschlimmert." Die Han-Dynastie kollabierte im Jahre 220 völlig und das Reich wurde in drei Staaten aufgespalten, die ständig Krieg miteinander führten.

Wäre die Geschichte Chinas anders verlaufen, wenn die letzten Regenten der Han-Dynastie über deutlich größere intellektuelle Fähigkeiten verfügt hätten?

Szenenwechsel ins frühmittelalterliche Rom. Selbst für den ohnehin geringen Bildungsstandard der Päpste des 10. Jahrhunderts war **Papst Johannes XII.** (937–964) eine Katastrophe. Octavian, der Sohn des Grafen von Spoleto, wurde bereits im zarten Alter von 18 Jahren zum Haupt der Christenheit gewählt, da der römische Adel einfach eine Marionette suchte, die leicht zu lenken war und die Position der mächtigen Familien in der Stadt nicht gefährden konnte. Johannes dürfte nach heutiger Einschätzung sicherlich geistig behindert gewesen sein, er galt als ziemlich ungebildet und sprach kein Latein. Natürlich hatte er auch von Religion nicht viel mehr Ahnung als so mancher Ungebildete. Dummerweise „erbte" er zudem die inneritalienischen Konflikte seiner Vorgänger, denen er aufgrund seiner geringen geistigen Begabung ziemlich hilflos gegenüberstand – soweit sie ihn überhaupt interessierten. Bedrängt vom mächtigen Markgrafen Berengar II. von Ivrea sandte er schließlich einen Hilferuf an das ostfränkische – also deutsche – Reich.

Der deutsche König Otto I. unterstützte den jungen Burschen auf dem Papstthron gerne, da er ihm ebenfalls für seine Zwecke nützlich erschien. Immerhin durfte ihn Johannes XII. im Februar 962 in Rom zum Kaiser krönen. Ansonsten erging sich der zweifelsohne geisteskranke und brutale junge Papst in Sauforgien und sexuellen Exzessen im Lateran, während ihn sein Amt kaum interessierte. Er soll auch immer wieder Frauen jeden Standes vergewaltigt haben. Nach der Kaiserkrönung besiegte Otto I. den von Johannes gefürchteten Bergengar in einem Feldzug und nahm ihn gefangen.

Dummerweise kam der junge Papst dann aber auf die Idee, seinen kaiserlichen Gönner zu hintergehen und mit dessen Feind Adalbert, dem Sohn von Berengar, zu paktieren. Otto I. reagierte rasch, fegte den vergnügungssüchtigen wie kranken Papst aus seinem Amt und ließ ihn unter anderem der Simonie (klerikale Korruption), der Huldigung des Teufels, des Mordes, Meineids und Inzests anklagen. Johannes floh aber rechtzeitig und entkam damit einer sicheren Verurteilung. Mit Leo VIII. wurde ein neuer Papst berufen.

Der gestürzte Papst und seine Verbündeten organisierten unterdessen einen Gegenangriff, inszenierten einen Aufstand in Rom und konnten Leo rasch wieder absetzen, während sich der Kaiser auf einem Kriegszug gegen Adalbert befand. Leos Unterstützer waren nun der gnadenlosen Rache des neuen alten Papstes ausgeliefert. Einem Kardinal wurde die Hand abgehackt, einem anderen Nase, Zunge und Finger abgeschnitten, während ein Bischof ausgepeitscht wurde. Johannes XII. konnte sein sittenloses Leben wieder aufnehmen.

Da der nunmehrige Kaiser Otto I. die „Schande der Christenheit" wieder abzusetzen beabsichtigte, löste sich das Problem von selbst. Johannes verstarb völlig unerwartet im Bett einer verheirateten Frau, nach offizieller Darstellung durch einen Schlaganfall. Viele sahen darin ein göttliches Eingreifen. Nach einer anderen, allerdings später in Umlauf gesetzten Version verstarb Johannes an den Misshandlungen des Gatten jener Frau, mit der er im Bett gewesen war.

Wechseln wir nach Russland. In dessen Herrschaftsgeschichte waren der Mord am eigenen Bruder und die Tötung des eigenen Sohnes Dinge, die wiederholt passierten. Es ist allgemein bekannt, dass etwa Zar Peter der Große am Tod seines

Sohnes maßgeblich beteiligt war. Das 17. Jahrhundert war in der russischen Geschichte ein besonders brutales und chaotisches. Als Zar Fjodor III. (1661–1682), der von Kindheit an schwer krank war, mit nur 21 Jahren starb, fiel die Thronfolge auf seinen jüngeren Bruder **Iwan V.** (1666–1696). Dieser galt als geistig minderbemittelt und hatte zudem auch massive gesundheitliche Probleme. Deshalb beschloss die Versammlung der Bojaren, dass auch sein zehnjähriger Halbbruder Mitregent werden sollte. Er hieß Peter und war gesund und geistig rege. Das führte aber zu massiven Streitigkeiten zwischen den beiden Müttern und Exfrauen des verstorbenen Zars Alexei I. Die besondere Garde der Zaren, die Strelitzen, ergriffen Partei für Iwan V. In den folgenden blutigen und brutalen Auseinandersetzungen richtete diese Eliteeinheit besonders grausame Blutbäder an. Dabei hatte vor allem Iwans Schwester Sofia großen Einfluss auf die blutgierigen Söldner und gab im Mai 1682 den Befehl zu einem Massaker am Moskauer Roten Platz, bei dem ca. 70 Verwandte Peters getötet wurden.

Die grausamen Auseinandersetzungen wurden schließlich durch einen Kompromiss beendet, durch den Iwan erster und Peter zweiter Zar wurden. Alle wussten allerdings, dass Iwan V. wegen seiner geistigen und körperlichen Behinderungen kaum wirklich die Macht ausüben konnte. Seine listenreiche und konsequente Schwester Sofia wurde daher die tatsächliche Regentin und hatte zudem aufgrund der Minderjährigkeit der beiden Zaren für einige Jahre das Sagen.

Es ist bis heute nicht geklärt, an welcher Erkrankung Iwan litt, einige Experten mutmaßten, dass es sich um das Down-Syndrom handelte, andere gaben eine nicht nähere definierte Erkrankung in seiner frühen Kindheit an. Aber generell litten die meisten seiner nächsten Angehörigen ebenfalls an geistigen und körperlichen Defekten. Als er drei Jahre alt war, starb seine Mutter an den Folgen einer weiteren Geburt. Auch Iwans Bruder Fjodor war mehrfach behindert, unter anderem durch körperliche Deformationen und Lähmungen. Als ihr Vater mit 46 Jahren an einem Herzinfarkt starb, trat vorerst Fjodor die Nachfolge an, starb aber wie erwähnt schon mit 21 Jahren.

Die Regentin Sofia dachte an die Ausweitung und den Erhalt ihrer Macht und verheiratete den armen Iwan relativ rasch. Der debile Zar sollte dann auch fünf Kinder mit seiner Gattin haben – aber nur Mädchen und keinen Jungen. Peter I. entpuppte sich bald als recht frühreif und konsequent. Schon mit 17 Jahren machte er die Hoffnungen der Regentin zunichte, stürzte sie und verbannte sie in ein Kloster. Er konnte nun frei schalten und walten, da Iwan weder Interesse an Politik noch irgendwelche Fähigkeiten dazu hatte.

Iwan entwickelte sich zu einer Schattenexistenz am Zarenhof und lebte sein einfaches Leben gemeinsam mit seiner aufopferungsvollen Ehegattin. Er betete jeden Tag stundenlang, widmete sich religiösen Zeremonien und fastete, während sich sein jüngerer Halbbruder diversen politischen und militärischen Höhenflügen widmete. Im Alter von 27 galt Iwan V. bereits als senil, war gelähmt und größtenteils blind. Er starb im Februar 1696 mit gerade einmal 29 Jahren. Er wurde feierlich bestattet und Peter I. nun auch offiziell der einzige Herrscher, zumal Iwan nur Töchter hinterlassen hatte. Es gab immer wieder Gerüchte, dass Peter zum Tod seines Bruders beigetragen haben könnte, aber aufgrund der gesundheitlichen Lage und der mangelnden politischen Bedeutung Iwans erscheint dies als sehr unwahrscheinlich.

Immerhin führten die schweren Erkrankungen einiger Familienmitglieder in diesem Fall nicht nachhaltig zu einer Schwächung der Regierung und hatten damit keinen entscheidenden Einfluss auf die Entwicklung des Landes.

DIE HABSBURGER, DER AHNENSCHWUND UND DER DYNASTISCHE VERFALL

„Hektor: Überall wo Großartigkeit herrscht, schleicht der Verfall.“

Homer (verm. 2. H. d. 8. Jh. v. Chr.)
altgriechischer Dichter

Es ist oft nicht genau nachvollziehbar, wann der dynastische Verfall bei einer Herrscherfamilie einsetzt. Was die spanischen Habsburger betrifft, so kann man diesen Beginn recht früh ansetzen und er hat einen Namen: **Don Carlos** oder Carlos de Austria (1545–1568), seines Zeichens Infant (Prinz) von Spanien.

Seine Eltern Philipp II. von Spanien und Prinzessin Maria Manuela von Portugal waren Cousin und Cousine auf väterlicher und mütterlicher Seite. Wobei wir gleich beim Thema Ahnenschwund wären, der in diesem Abschnitt immer wieder auftreten wird. Schon die Geburt des Prinzen bedeutete eine Tragödie, da Maria Manuela von Portugal kurz nach Carlos Geburt starb. Das änderte indessen nichts daran, dass Philipp II. nun einen Thronfolger vorweisen konnte.

Carlos war allerdings ein kränkliches Geschöpf und hatte einen verwachsenen Körper. Seine Schultern waren ungleich hoch und ein Bein kürzer als das andere. Zudem wies er einen Sprachfehler auf und schon bald stellten sich Zweifel an seinen geistigen Fähigkeiten ein. Da er unter regelmäßigen Fieberschüben litt, bestand der Verdacht einer Malariainfektion. Im Alter von 17 Jahren erlitt er durch einen Treppensturz eine schwere Kopfverletzung, die nach damaligem medizinischen Verständnis eine Trepanation nach sich zog. Das bedeutete, dass man seinen Schädelknochen anbohrte, damit Flüssigkeit ablaufen konnte, wodurch der Druck auf das Gehirn reduziert wurde. Überraschenderweise überlebte Carlos den Eingriff, verlor aber für einige Zeit seinen Sehsinn.

Der nicht eben ansehnliche Prinz galt als geistig wenig entwickelt und extrem jähzornig. Seine gesamte Umgebung hatte Angst vor seinen Aggressionen und er fand es besonders unterhaltsam, Pferde zu Tode zu reiten. Carlos trank sehr viel Alkohol und wurde dadurch noch unberechenbarer. Er verlor nie seine hohe Knabenstimme, was dazu führte, dass man dem Heranwachsenden Impotenz und mangelnde Männlichkeit unterstellte. Um diese Gerüchte zum Schweigen zu bringen, wurde 1567 für den damals 22-Jährigen ein Ärzteteam engagiert, das sich um das Problem „kümmern" sollte. Als Höhepunkt der „Behandlung" wurde dem Prinzen ein junges Mädchen überlassen, das er angeblich befriedigen konnte.

König Philipp II. litt sehr unter den geistigen und körperlichen Problemen seines Sohnes und holte deshalb auch seine beiden Neffen Rudolf und Ernst, die Söhne Kaiser Maximilians II., nach Spanien, um sie als eventuelle Thronfolger aufzubauen. Offiziell war Carlos natürlich weiterhin der Infant, denn als solcher war er auch vom spanischen Adel anerkannt, und führte den Titel „Fürst von Asturien". Als er 17 Jahre alt war, erzählte Carlos seinem Beichtvater, dass er Philipp II. „am liebsten tot sehen" würde. Der Geistliche verletzte umgehend das Beichtgeheimnis und berichtete dies dem König, worauf Philipp II. seinen Sohn der Aufsicht von mehreren Klerikern unterstellte, was dessen Widerstandsgeist aber nur noch weiter anstachelte. Der selbst für einen Habsburger sehr bigotte König versuchte zudem, seinen kranken Sohn durch den exzessiven Einsatz von Reliquien zu „heilen".

Zum Ärger seines Vaters zeigte der Prinz auch Sympathien für die Niederländer, die gegen die spanische Herrschaft rebellierten. Carlos hoffte sogar, dass ihn sein Vater zum Statthalter der Niederlande machen würde, wozu es natürlich nicht kam. Der König berief den eher blutrünstigen Herzog von Alba auf diesen Posten. Als der König seinem Sohn auch eine Italienreise und einen Besuch in Wien, wo er seine „Inzuchtverlobte“ Anna von Österreich treffen wollte, verweigerte, drehte der Infant völlig durch. Er tötete in einem Wutanfall das Lieblingspferd Philipps II.

Seltsamerweise ernannte Philipp seinen Sohn schließlich zum Minister im Staatsrat, wo der Prinz bald durch sein kindisches und völlig unreifes Verhalten für Ärger sorgte. Sein Gastspiel dauerte daher nicht sehr lange.

Im Jahre 1567 erreichte der Konflikt zwischen dem König und Carlos seinen Höhepunkt: Carlos wollte sogar in die Niederlande flüchten, um sich dort mit den Aufständischen gegen den eigenen Vater zu verbünden. Der Plan flog auf und Carlos wurde von nun an in Gefangenschaft gehalten. Philipp II. plante einen Prozess wegen Hochverrats gegen den eigenen Sohn, wozu es aber nicht mehr kam. Der gefangene Infant unternahm zunächst einen erfolglosen Selbstmordversuch, indem er einen Diamantring schluckte. Dem Tod entging er dennoch nicht, zumal sich sein Gesundheitszustand in der Gefangenschaft immer mehr verschlechterte. Carlos starb schließlich 1568 unter nicht geklärten Umständen. Angeblich hatte er nach dem Genuss einer großen Menge an stark gewürzten Pasteten enormen Durst verspürt, darauf fast zehn Liter Wasser getrunken und auf diese Weise eine letztendlich tödliche Kolik bekommen. Nach einer anderen Version soll es in der Dachkammer, in welcher der Prinz gefangengehalten wurde, im Sommer extrem heiß geworden sein, weshalb er viele Liter Eiswasser trank, was ebenfalls zu einem letalen Ergebnis führte. Angeblich wollte sich Carlos, als er sich dem Tode nahe fühlte, noch mit seinem Vater versöhnen, wozu dieser aber nicht bereit war.

Die Geschichten um den Tod von Carlos waren für viele Zeitgenossen wenig glaubwürdig und Gerüchte, der König habe seinen Sohn ermorden lassen, wollten nicht verstummen. Sogar dem kaiserlichen Hof in Wien kam das Ganze sonderbar vor und man wollte einen Ermittler nach Spanien schicken. Letztlich wurden aber nur die Angelegenheit kalmierende Briefe gewechselt und die Vorgänge um den Tod des jungen Prinzen nie wirklich aufgeklärt.

Man betrachtete später die schreckliche Geschichte rund um Don Carlos als ein frühes Ergebnis der habsburgischen Praxis, fast nur Ehen zwischen Cousine und

Cousin oder zwischen Nichte und Onkel zu schließen. Beispielsweise heiratete Karl V. (der Großvater von Carlos) die portugiesische Prinzessin Isabella, die seine Cousine war. Die enge Verwandtschaft von Philipp II. und der Mutter von Carlos wurde bereits erwähnt. Die Mutter Philipps, Isabella, war eine Schwester vom Vater Maria Manuelas, König Johann III. Weiters war Karl V., Philipps Vater, der Bruder von Katharina, Maria Manuelas Mutter.

Was Inzuchtehen und den damit einhergehenden Ahnenschwund betrifft, so übertrafen die Habsburger alle anderen Herrschergeschlechter Europas, was vor allem zum raschen Untergang der spanischen Linie führen sollte. Es war zwar nicht so schlimm wie bei den ägyptischen Ptolemäern, wo regelmäßig Bruder und Schwester miteinander verheiratet wurden, aber das Ergebnis war dennoch fatal.

Eine Folge der habsburgischen Heiratspraxis war das Ausbrechen vieler Erbkrankheiten. Geisteskrankheiten, Epilepsie, Verwachsungen, chronisches Nierenleiden, Rheumatismus, Gicht und Magenbeschwerden machten den Angehörigen der Dynastie zu schaffen. Das zuletzt vom Erbgut der Habsburger dominierte portugiesische Königshaus Avis erlosch auf diese Weise bereits 1578, während die Linie der spanischen Habsburger im Jahr 1700 ausstarb.

Wenn auch nicht immer schwerwiegende Erbkrankheiten auftraten, so war zumindest die äußere Erscheinung (Physiognomie) vieler Familienmitglieder ein Ergebnis dieser Verwandtschaftsehen und eindeutiges Erkennungszeichen der Habsburger. Keine Dynastie hatte jemals über so viele Jahrhunderte ein relativ gleichmäßiges Aussehen, das überwiegend wenig vorteilhaft war. Die wulstige Unterlippe und der zu große Unterkiefer waren ihr Markenzeichen. Fachleute bezeichnen das als Progenie. Dazu kamen in vielen Fällen eine lange und schlanke Höckernase sowie abgeflachte Jochbeinpartien.

Interessanterweise beschrieb um die Mitte des 19. Jahrhunderts ein deutscher Psychiater diesen offenbar auch bei Insassen einer „Irrenanstalt" verbreiteten Gesichtstyp. Sagt uns das etwas über die Habsburger? Über einige vielleicht schon.

Man weiß inzwischen, dass die Progenie als Anomalie erblich ist. Es hätte dafür wohl keines wissenschaftlichen Beweises bedurft, wenn man sich die Porträts vieler Habsburger ansieht. Die Anomalie lässt sich bei ihnen über viele Jahrhunderte verfolgen, auch wenn manchmal eine Generation übersprungen wurde und die Ausprägung der Merkmale mal stärker und mal geringer war.

Bei vielen Porträts waren die Künstler sicher angehalten, extreme Ausprägungen der Anomalie abzumildern, wobei es dann besonders auffällig ist, wenn bei manchen Habsburgern diese Gesichtsform derartig ausgeprägt war, dass man sie kaum mehr beschönigen konnte. Man denke dabei nur an Kaiser Leopold I., der sich mit seinem wenig attraktiven Gesicht fast stolz zu präsentieren scheint, wenn man sich zum Beispiel die Pestsäule am Wiener Graben ansieht. Durch die vielen Eheschließungen zwischen Habsburgern mit Progenie und Angehörigen anderer Geschlechter des Hochadels kam es auch bei diesen zu ähnlichen Gesichtsformen, die allerdings nicht mehrere Generationen überdauerten.

Man hat sich natürlich die Frage gestellt, seit wann es diese Anomalie in den Habsburger-Gesichtern eigentlich gab. Die Antwort ist relativ schwierig, da man sich in erster Linie an Gemälden oder Plastiken orientieren muss und von den frühen Habsburgern keine wirklich authentischen Porträts vorliegen. Als im Jahre 1900 die Königsgräber in Speyer untersucht wurden, stellte sich anhand der Skelettfunde heraus, dass der erste König aus dem Hause Habsburg, **Rudolf I.** (1218–1291), bereits einen ausgeprägten Unterkiefer mit starkem Kinnvorsprung aufwies, was aber noch nicht eindeutig als Progenie bezeichnet werden kann. Bei seinem Sohn **Albrecht I.** (1255–1308) fand man hingegen schon eine Schädelform, die man als progen einstufen kann. Auch ein Porträt Albrechts von einem nicht bekannten Künstler zeigt eindeutig diese Merkmale. Zwei der Söhne Albrechts I. scheinen indessen keines dieser typischen Merkmale besessen zu haben, immerhin wurde einer davon – Friedrich I. (1289–1330) – auch „der Schöne" genannt, was man von seinem Vater ganz und gar nicht sagen konnte. Doch Albrechts dritter Sohn **Leopold I.** „der Glorwürdige" (1290–1326) zeigte wieder die Merkmale einer Progenie, wie schon Untersuchungen an seinen Überresten im Jahre 1935 ergaben.

Sein Neffe **Rudolf IV.** „der Stifter" (1339–1365) war auch eindeutig progen, was sowohl eine Schädeluntersuchung als auch ein Porträt bestätigen. Eindeutig sind seine wulstige Unterlippe und die Höckernase zu erkennen. Es folgten verschiedene Mitglieder der nunmehr in zwei Linien geteilten Habsburger, bei denen die

Progenie zwar leicht, aber nicht extrem ausgeprägt war. Herzog **Albrecht V.** (1397–1439), der später König von Böhmen und Ungarn und schließlich als Albrecht II. deutscher König wurde, wies eindeutig die wulstigen Lippen der Habsburger auf. In der Leopoldinischen Linie der Habsburger gibt es zumindest einige Verdachtsfälle, wie z. B. bei Herzog Ernst „dem Eisernen“ (1377–1424).

Die nunmehr kaiserlichen Habsburger ab **Friedrich III.** (1415–1493) sind vom Beweismaterial für die Anomalie her viel leichter zu fassen als ihre Vorgänger. Schon Kaiser Friedrich III., der den deutschen Thron für über ein halbes Jahrhundert innehaben sollte, war ein eindeutiger Fall von Progenie, wie so gut wie alle Porträts beweisen. Dieser Habsburger, der am Beginn des Kaisertums seiner Familie stand, war wenig begabt und intelligent, besaß kaum wirkliche Energie und war chronisch erfolglos. Der größte Erfolg in den Jahrzehnten seiner Herrschaft bestand darin, dass er alle seine Feinde überlebte. Er erlitt massive Gebietsverluste und sein Einfluss war laufend rückläufig, zudem befehdete er sich noch mit seinem Bruder Albrecht VI. (1418–1463), den er natürlich auch überlebte. Große Teile seiner österreichischen Stammländer verlor er an den ungarischen König. Irgendwie war er deshalb auch ständig auf der Flucht. Der größte Pluspunkt im Leben von Friedrich III. war wohl sein Sohn Maximilian, der aus einem ganz anderen Holz geschnitzt war als sein Vater. Als Friedrich schließlich 1493 sein Leben aushauchte, war Maximilian bereits zum deutschen König gewählt und konnte somit die kaiserliche Linie der Habsburger fortsetzen.

Maximilian I. (1459–1519) hatte das klassische Habsburger-Gesicht in voller Ausprägung und konnte dazu noch einige Extras vorweisen. Seine Höckernase war besonders ausgeprägt und seine Lippen waren auch ziemlich einmalig. Maximilian war ein Übergangskaiser zwischen Mittelalter und Neuzeit, energisch und erfolgsorientiert. Doch er hatte mit vielen Schwierigkeiten zu kämpfen, insbesondere durch den Dauerkonflikt mit Frankreich, den er sich durch die Heirat mit Maria von Burgund eingehandelt hatte. Diese brachte ihm zwar großen Landbesitz, aber auch andauernde Kriege ein. Das alles kostete viel Geld und davon sollte dieser Kaiser lebenslang zu wenig zur Verfügung haben. Geschäftsleute und Geldverleiher wie die Fugger aus Augsburg hatten ihn deshalb in der Hand. Maximilian wollte Herr eines riesigen und mächtigen Imperiums werden, ohne die finanziellen und militärischen Mittel dazu zu haben. Mit viel Fantasie begabt und sehr spontan stürzte er sich in eine Vielzahl von politischen und kriegerischen Unternehmungen, die sehr oft schlecht ausgingen. Er wollte sogar zusätzlich zum Kaisertitel auch das Papsttum übernehmen, was ihm begreiflicherweise weiteren Ärger einbrachte. Seine größten Erfolge erzielte Maximilian I., der leider kein sehr guter Feldherr war, mit seiner Heiratspolitik. Durch die Eheschließung seines Sohnes Philipp mit der spanischen Prinzessin Johanna kamen Spanien, große Besitzungen in Italien und das ganze spanische Kolonialreich an das Haus Habsburg. Seine Enkelin heiratete über seine Vermittlung König Ludwig II. von Ungarn und Böhmen, wodurch schon das spätere Habsburgerreich vorweggenommen wurde. Damals kam auch der Spruch über die glückliche Heiratspolitik Österreichs auf, auch wenn Maximilian und seine Nachfolger um die so erworbenen Gebiete laufend Kriege führen mussten.

Außerdem war der Mann mit dem unschönen Gesicht begeisterter Jäger, Buchautor, Anhänger des Ritterideals mit seinen Turnieren und dem Minnedienst. Er starb 1519 und hinterließ nach dem frühen Tod seines Sohnes Philipp (1506) schließlich das Reich seinem Enkel Karl V.

Niemand weiß, warum **Philipp I.** (1478–1506) „der Schöne" genannt wurde, denn wenn man sich seine Porträts ansieht, hat man nicht den Eindruck, dass er sonderlich attraktiv war, auch wenn er kein typisch habsburgisches Gesicht hatte. Seine größte Bedeutung liegt wohl darin, dass er Johanna „die Wahnsinnige" heiratete und somit die Königreiche Kastilien und Aragon für das Haus Habsburg quasi an Land zog. Zudem wurde er Vater eines bedeutenden Habsburgers, nämlich von Karl V. Philipp starb bereits mit 28 Jahren, man sprach von einer kurzen fiebrigen Erkrankung, während manche Zeitgenossen auch über eine Vergiftung und somit Mord spekulierten.

Karl V. (1500–1558) war kein attraktiver Mann und spätere Autoren sprachen sogar von einer „physiognomischen Entgleisung". Er scheint wirklich vor Kaiser Leopold I. alle anderen auffälligen Habsburger-Gesichter übertroffen zu haben. Karls Deformation war so stark, dass er Mund und Lippen nie wirklich schließen konnte.

Er hatte stark abgeflachte Jochbeinpartien und eine lange und dünne Höckernase. Zeitgenossen hielten ihn in seiner Jugend eher für eine mitleiderregende Erscheinung und auch seine geistigen Fähigkeiten wurden angezweifelt. Zudem war er eher schwächlich und machte einen kränklichen Eindruck. Sein ständig offener Mund soll an einen Schwachsinnigen erinnert haben.

Es lag wohl an seinem deformierten Mund, dass er ziemlich verwaschen sprach und überhaupt kein Redner war. Karl galt als sehr introvertiert, humorlos und menschenscheu. Beobachter berichteten, dass er trotz aller Anstrengungen seine beiden Zahnreihen nicht zusammenbringen konnte. Das führte dazu, dass er sein Essen nur hinunterschlingen und nicht kauen konnte. Was ihn aber nicht daran hinderte, möglichst viel davon in sich hineinzustopfen.

Nachdem er mit 16 Jahren König von Spanien geworden war, strebte er nach dem Tod seines Großvaters Maximilian auch an, zum Kaiser des Heiligen Römischen Reichs Deutscher Nationen gekrönt zu werden. Aber dagegen regte sich vom Papst bis zu vielen Reichsfürsten Widerstand. Es waren schließlich der sächsische Kurfürst und die Geldoligarchen Fugger und Welser, die seine Wahl durchsetzten. Von nun an ging in seinem Reich mit all den spanischen Kolonien „die Sonne nicht mehr unter". Doch bereits am Anfang seiner Herrschaft als Kaiser wurde der erzkatholische Karl mit einem Problem konfrontiert, das ihn wie ein böser Schatten verfolgen sollte: Martin Luther. Dieser hatte als „Ketzer" ganz Deutschland rebellisch gemacht und Karl wollte ihn 1521 auf dem Reichstag in Worms zum Widerruf seiner Lehren zwingen. Luther dachte allerdings nicht daran und war sich dabei der Unterstützung zahlreicher Reichsfürsten sicher.

Karl V. war schwer enttäuscht und widmete sich fortan mehr seinen außenpolitischen Auseinandersetzungen, vor allem mit Frankreich. 1526 heiratete er eine Portugiesin und 1527 kam sein Sohn – der spätere Philipp II. – auf die Welt. Im Reich regierte nun Karls jüngerer Bruder Ferdinand, Karl hielt sich weitgehend fern von den deutschen Angelegenheiten. Der religiöse Konflikt schwelte hier weiter und es kam schließlich zum offenen Krieg mit den Protestanten. Karl V. besiegte diese zwar in der Schlacht bei Mühlberg, konnte die „Ketzer" aber letztlich nicht unter Kontrolle bringen. Kurz vor seinem Tod 1555 kam es zum Augsburger Religionsfrieden, den er nicht unterschreiben wollte.

(Mehr zu diesem Kaiser, der oft zum Essen bis zu fünf Liter Wein trank, findet sich im Kapitel über die Gicht ab Seite 95.)

Bei Karls Nachfolgern in der spanischen und deutschen Linie der Habsburger kam es weiterhin zur progenen Anomalie, auch wenn sie nicht die extreme Form wie bei ihm erreichte.

Philipp II. (1527–1598) war ebenfalls ein typischer Habsburger, zudem kleinwüchsig, kränklich und menschenscheu. Manche sahen in ihm einen Sonderling, der an Zwangsneurosen litt. Er war ein fanatischer Katholik und gab der Inquisition freie Hand. „Ketzer" wurden gnadenlos verfolgt und die Scheiterhaufen loderten. Der König hatte vier Frauen, die alle nicht lange lebten, wobei es das Gerücht gab, er habe eine von ihnen umbringen lassen. In seiner letzten Ehe heiratete er seine Nichte Anna von Österreich, es kam also wieder zu einer typischen inzestiösen Habsburger-Heirat.

Wie sein Vater litt Philipp in seinen letzten Jahren an der Gicht und einigen anderen Leiden. Er konnte schließlich nur noch in einer gepolsterten Sänfte getragen werden. Der einzig wirklich bedeutende spanische Habsburger starb schließlich 1598 und hinterließ sein Reich einem völlig unfähigen Nachfolger.

Philipp III., „der Fromme" (1578–1621) wies eine gut ausgeprägte Progenie auf, war klein und unansehlich, hatte kein Interesse am Regieren und war von seinem Günstling, dem Herzog von Lerma, abhängig. Er aß und trank maßlos, ließ die Inquisition ihren Terror verbreiten, vertrieb die Mauren endgültig aus Spanien und wurde nicht alt.

Philipp IV. „der Große" (1605–1665) hatte ebenfalls ein ausgeprägtes Habsburger-Gesicht und war extrem vergnügungssüchtig. Er jagte den Frauen hinterher, galt als extrem triebhaft, liebte zudem die Jagd, den Stierkampf und Spiele aller Art. Außerdem waren ihm Kunst und Kultur ein großes Anliegen. Allerdings versagte er völlig in seiner wesentlichsten Funktion – dem Regieren. Es interessierte ihn einfach nicht besonders und so hatte sein besonderer Freund – der Herzog von

Olivares – darin freie Hand. Spanien verlor in dieser Zeit seinen Status als echte Großmacht, musste mehrere militärische Niederlagen einstecken und war wirtschaftlich eigentlich bankrott. Außerdem verlor es wieder die Herrschaft über Portugal. Warum ihn die Spanier „den Großen" nannten, ist ein ungeklärtes Geheimnis.

Den katastrophalen Untergang der spanischen Linie der Habsburger personifizierte schließlich der Sohn Philipps IV., der wegen seines extrem ausgeprägten Unterkiefers eindeutig ein echter Habsburger war. Über **Karl II.** wurde ja bereits berichtet (siehe Seite 13 ff.).

Ferdinand I. (1503–1564), der jüngere Bruder Karls V., hatte das Glück, dass er dessen körperlichen Deformationen in viel geringerem Maß aufwies. Er vertrat seinen spanischen Bruder im Reich und in den österreichischen Erblanden, konnte nach dem Tod des unglücklichen Ludwig II. im Jahr 1526 auch Böhmen erwerben und hatte einen Thronanspruch auf das rebellische Ungarn. Ferdinand war religiös viel toleranter als Karl und konnte so mit den Protestanten einen gewissen Frieden im Reich aufrechthalten. Beide Brüder gerieten wegen der unterschiedlichen Religionspolitik auch immer wieder aneinander und Karl V. war sehr erbost darüber, dass sein Bruder den Augsburger Religionsfrieden von 1555 geschlossen hatte. Dennoch setzte er ihn schließlich als seinen Erben im Reich ein, während sein Sohn Spanien erbte.

Kaiser Ferdinand I. machte seine Sache als Regent recht gut, war allerdings besorgt, als sein Sohn Maximilian sogar Sympathien für Luthers Lehre entwickelte. Daher musste er seinen Vater schließlich von seiner katholischen Standfestigkeit überzeugen, ehe Ferdinand ihn zum Nachfolger im Reich bestimmte. Schließlich wurde **Maximilian II.** (1527–1576) 1562 zum deutschen König gewählt. Er hatte auch ein typisches Habsburger-Gesicht, das aber nicht so ausgeprägt war wie das seines Onkels. Er heiratete auch eine spanische Cousine und setzte damit die unheilvolle Familientradition fort. Maximilian war protestantenfreundlich und suchte die Vermittlung zwischen beiden Konfessionen. Bei ihm herrschte Religionsfreiheit, was die spanische Verwandtschaft überhaupt nicht goutierte, und auch der Papst alterierte sich. Unter Maximilian erlebte das Luthertum auch in den habsburgischen Erblanden eine starke Ausbreitung. Maximilian II. starb nach der Wahl seines Sohnes Rudolf zum König und erhielt ein schönes Grabmal im Prager Veitsdom.

Rudolf II. (1552–1612) hinterließ der Nachwelt eine größere Anzahl an Porträts, die oft von bedeutenden Malern angefertigt wurden. Er sollte einer der problematischsten Kaiser aus dem Hause Habsburg werden und geriet von seiner Progenie her stark in Richtung Karl V. Sein Unterkiefer wurde als monströs beschrieben und er war ein fanatischer Katholik. Schon von Jugend an gab es Berichte über seine „krankhafte Gemütslage" und er sollte einer der wenigen Habsburger werden, der jemals einen Selbstmordversuch unternahm. Rudolf hatte Fantasie, Bildung, Kunstverständnis und interessierte sich für Wissenschaft und Magie. Schon ein Jahr nach seiner Wahl zum Kaiser verschanzte er sich im Zimmerlabyrinth des Prager Hradschins, um von hier aus misstrauisch und stur sein Reich zu regieren. Das klappte nicht besonders gut, denn Rudolf versagte fast immer im praktischen Bereich, hatte zudem keine Menschenkenntnis. Er konnte über lange Zeit völlig tatenlos sein und die Dinge aus dem Ruder laufen lassen, um dann fürchterliche Wutanfälle darüber zu bekommen. Später wurde bei ihm eine manisch-depressive Psychose vermutet, da er auch Phasen einer heftigen Hyperaktivität aufwies. Er heiratete nie, aber man schrieb ihm mehrere Kinder zu, die teilweise ebenfalls pathologische Züge aufwiesen. Während seiner gesamten Regierungszeit hatte er sich der vordringenden Osmanen und dem Protestantismus zu erwehren, lösen konnte er beide Probleme nicht. 1608 kam es zum völligen Zerwürfnis mit seiner Verwandtschaft und Rudolf II. wurde völlig ins Abseits und in die Untätigkeit gedrängt. Nun umgab er sich noch mehr mit Kunstwerken und Künstlern aller Art und blendete die Realität so gut wie möglich aus. Magie und Okkultismus begannen sein Leben zu beherrschen, während im Reich bereits die Schatten des großen, dreißig Jahre währenden Krieges erkennbar wurden. Rudolf starb schließlich von allerlei Leiden geplagt 1612 in Prag.

Sein Bruder Matthias (1557–1619) wies weniger Gesichtsanomalien auf, war aber Rudolf geistig weit unterlegen. Dafür hatte er mehr Machtsinn und tat viel, um Rudolf zu schaden. Matthias konnte schließlich auch mit Hilfe der Protestanten seinen Bruder entmachten und wurde schließlich zum König von Böhmen gewählt. Er schaffte auch noch die Wahl zum Kaiser, während sich bei ihm bereits ein starker körperlicher und geistiger Verfall abzeichnete. Er sollte noch den Beginn des Dreißigjährigen Krieges erleben und starb 1619 kinderlos.

Die Krone ging nun an **Ferdinand II.** (1578–1637) aus der innerösterreichischen Linie über, der aus einem ganz anderen Holz geschnitzt war als seine beiden Vorgänger. Sein Gesicht offenbarte ihn eindeutig als Habsburger, er war dick und behäbig, galt als sehr humorvoll und freundlich – aber er war von den Jesuiten erzogen worden und somit ein erbitterter Protestantenhasser. Sein religiöser Fanatismus sollte große Teile Europas und besonders das deutsche Reich in nie gekanntes Unheil stürzen. Er hatte schon recht früh begonnen, die Länder seines Einflussbereichs zwangsweise zu rekatholisieren und stieß dabei auf massiven Widerstand. Der Prager Fenstersturz leitete den Dreißigjährigen Krieg ein, den Ferdinand und seine Anhänger 1629 fast gewonnen hätten, wenn er nicht durch das unsägliche Restitutionsedikt neue mächtige Gegner auf den Plan gerufen hätte. Besonders der schwedische König Gustav II. Adolf konnte ihm fast die Kaiserkrone streitig machen, ehe ihn der Schlachtentod ereilte. Der Kaiser ließ einige Jahre später auch noch seinen besten General, Albrecht von Wallenstein, umbringen, was schließlich dazu führte, dass der Glaubenskrieg zu einem riesigen Plünderungs- und Zerstörungsunternehmen beider Seiten wurde.

Auf Ferdinand II. folgte dessen Sohn **Ferdinand III.** (1608–1657), der im Gegensatz zu seinem Vater eine stattliche Erscheinung war, allerdings einen zerstörerischen Krieg erbte, den er nicht gewinnen konnte. Er war viel weniger protestantenfeindlich als sein Vater und erzielte als Heerführer auch einige Erfolge. Unter seiner Herrschaft kam es endlich zum Frieden, der Kaiser und Reich extrem geschwächt zurückließ. Die Persönlichkeit des dritten Ferdinand wird als angenehm beschrieben und er galt als sehr gebildet und komponierte sogar.

Da Ferdinands erster Sohn früh starb, kam dessen jüngerer Bruder **Leopold I.** (1640–1705) auf den Thron. Dieser stellte vom Aussehen her fast eine Karikatur des habsburgischen Gesichtstyps dar. Meyers Konversationslexikon beschreibt ihn so: „Leopold war von Wuchs unansehnlich, der Blick düster, das Gesicht durch die herabhängende Unterlippe entstellt." Leopold hätte ursprünglich Bischof werden sollen, doch nun musste er das heruntergekommene Habsburgerreich übernehmen. Er galt als gebildet und sprachbegabt, heiratete dreimal und sollte letztlich fast 50 Jahre regieren. Es war eine Zeit, in der fast ständig Kriege geführt wurden. Leopolds militärischen Erfolge gegen die Türken waren letztlich sensationell, während er gegen das Frankreich Ludwigs XIV. relativ glücklos blieb. Nach den Türkenkriegen kam es zum Spanischen Erbfolgekrieg und Leopold wollte seinen jüngeren Sohn Karl als neuen König Spaniens inthronisieren. Der wenig ansehnliche, gebildete, musische und wissenschaftlich orientierte Kaiser starb 1705 während des Krieges um Spanien.

Nachfolger wurde sein ältester Sohn Josef I. (1678–1711), der nicht wie ein typischer Habsburger aussah, da seine Mutter eine Nicht-Habsburgerin war. Josef wäre wohl eine der größten Hoffnungen der Dynastie gewesen, wenn ihn nicht der Tod so früh ereilt hätte. Er war energisch, nicht religiös, musisch, humorvoll, konfliktfreudig und wollte Österreich zur Hegemonialmacht machen. Doch er war auch ständig auf der Suche nach sexuellen Abenteuern. Der Hoffnungskaiser starb nach nur sechs Jahren an der Regierung 1711 an den Pocken, wobei es böse Gerüchte gab, dass ein zu kräftiger Liebestrank sein Ende herbeigeführt habe.

Sein Bruder und Nachfolger Karl VI. (1685–1740) hatte eine kräftige Unterlippe, war aber sonst nicht besonders von der Anomalie gezeichnet. Er sollte wie sein Bruder Josef nur zwei Töchter haben, weshalb er auf die ungewöhnliche Idee kam, mit Hilfe eines Vertrags, der sogenannten „Pragmatischen Sanktion", die weibliche Nachfolge und Unteilbarkeit der Länder zu sichern.

„Verträge müssen eingehalten werden." So lautete der Wahlspruch Karls VI. Sein Feldherr und Berater Prinz Eugen sah das ganz anders, denn er wusste, dass man Verträge nur dann durchsetzen konnte, wenn man eine starke Armee in der Hinterhand hatte. Letztlich unterschrieben so gut wie alle Fürsten Europas den Fetzen Papier, nur um dann rasch über die Tochter des Kaisers, Maria Theresia, herzufallen. Karl VI. hatte als Herrscher nicht das Format seiner großen Vorgänger und schwächte sein Reich durch Fehlentscheidungen und Vernachlässigung der Streitkräfte zugunsten seiner ausufernden Hofhaltung und prestigeträchtiger Bauprojekte. Er starb im Oktober 1740 ziemlich unerwartet und bescherte seiner Tochter und Erbin den langen und blutigen Österreichischen Erbfolgekrieg.

Da **Maria Theresia** (1717–1780) im Jahr 1736 den Herzog von Lothringen, Franz Stephan, geheiratet hatte, spricht man seit dem Tod Karls VI. vom Haus Habsburg-Lothringen. Maria Theresia wies keine Merkmale der Progenie auf und bei den Lothringern gab es diese Störung sowieso nicht. Somit fanden sich auch bei ihren Kindern, wie Josef II. und Leopold II., keine entstellenden Gesichtszüge mehr. Auch wenn die Habsburger weiterhin nicht zu den optisch ansehnlichsten Herrschern Europas gehörten – man denke nur an Franz II./I., Ferdinand I. und zwei der drei Brüder Kaiser Franz Josephs –, so gab es fortan in der Familie keine grotesk wirkenden Kinnpartien und unförmigen riesigen Lippen mehr.

Keine Dynastie in Europa nahm es so ernst mit der „Legitimität" wie die Habsburger. Da war man auch bereit, Zugeständnisse aller Art zu machen, Ehen in der engsten Verwandtschaft einzugehen und völlig unfähige Nachfolger zu krönen, wenn es nur mit der „Rechtmäßigkeit" passte. Die Zeiten von Don Carlos oder Karl II. waren längst vorbei, doch die Habsburger sollten es noch im 19. Jahrhundert schaffen, einen möglichst untauglichen Herrscher auf den Thron zu bringen.

Ferdinand I. (1793–1875) war eine bedauernswerte Person und galt bereits zu Beginn seiner „Herrschaft" als Witzfigur. Als erstgeborener Sohn von Kaiser Franz II./I. war er einfach der legitime Herrscher, obwohl alle wussten, dass seine Krönung eigentlich eine Groteske darstellte. Ferdinand war selbst für einen Habsburger unansehnlich, er litt an einem grotesken Wasserkopf und hatte ständig epileptische Anfälle. Über seine intellektuellen Fähigkeiten wurde bei Hofe von Kindheit an möglichst Stillschweigen bewahrt. Insgeheim galt er einfach als „Nandl der Trottel" oder etwas netter als „Nanderltrotterl".

Kaiser **Franz I.** (1768-1835) von Österreich, der diesen Titel eigentlich dem ihm überlegenen Napoleon zu „verdanken" hatte, war eine bürokratische, eher langweilige und oft sehr bornierte Person. Aber er stand natürlich geistig weit über dem Kronprinzen. Der eigentlich starke Mann der Monarchie in der dumpfen Enge des Biedermeier war Fürst Klemens von Metternich, der das Reich und große Teile Europas mit eiserner Faust regierte. Er war der eigentliche Sieger über Napoleon gewesen und hatte versucht, aus den Trümmern des alten Europas etwas Neues zu zimmern, das dennoch einen ziemlich muffigen Geruch hatte. Das durch den Wiener Kongress abgesegnete erstarrte politische System sollte für alle Zeiten bestehen bleiben. Und dazu gehörte auch das Legitimitätsprinzip, das für Metternich genauso wichtig war wie der Kampf gegen jede Form einer Verfassung oder der Mitsprache des Bürgertums.

Kaiser Franz folgte dabei trotz gewisser Bedenken seinem allmächtigen Kanzler. Somit war es beschlossene Sache, dass der kranke und debile Ferdinand die Thronfolge antreten würde. Nachdem also Franz II. bzw. Franz I. im Jahre 1835 gestorben war, wurde Ferdinand I. zum Kaiser von Österreich gekrönt. Da saß er nun auf seinem Thron, wackelte komisch mit seinem viel zu großen Kopf und wusste nicht so ganz, was um ihm herum passierte. Metternich hatte bereits vorgesorgt und die „Geheime Staatskonferenz" herrschte eigentlich über das Reich. Darin waren einige Angehörige des „Erzhauses" vertreten, aber den Ton gab Staatskanzler Metternich an. Allerdings nicht so ganz, da er einen Konkurrenten in der „Staatskonferenz" hatte, den Staats- und Konferenzminister Graf Franz Anton von Kolowrat-Liebsteinsky. Und dann war da noch die Erzherzogin Sofie, die als „einziger Mann am Hof" gefürchtet war und an der Thronfolge ihres Sohnes Franzl, des späteren Kaisers Franz Joseph, arbeitete. Dem armen und völlig überforderten Kaiser Ferdinand, der sich sowieso eher für das tägliche Essen von Knödeln als für die Staatsgeschäfte interessierte, blieb also gar nichts übrig, als das zu unterschreiben, was die „Staatskonferenz" oft unter heftigen Auseinandersetzungen beschlossen hatte.

So einfach gestrickt Ferdinand war, es scheint ihm bewusst gewesen zu sein, dass er dem Auftrag seines verstorbenen Vaters folgen musste, ja nichts zu verändern. Wobei man in der Wiener Hofburg offensichtlich wenig davon merkte, dass sich das Land immer mehr industrialisierte und das Bürgertum immer mehr seine Rechte forderte. „Ferdinand der Gütige", der oft boshafterweise „Gütinand der Fertige" genannt wurde, erfreute sich bei seinen öffentlichen Auftritten und Ausfahrten einer gewissen Beliebtheit, die allerdings etwas Herablassendes und Amüsiertes an sich hatte. Er galt jedenfalls als völlig harmlos.

Als im März 1848 die Revolution ausbrach, versteckte sich der Kaiser hinter dem Vorhang eines Zimmers der Wiener Hofburg und sah hinunter auf den Michaelerplatz. Er sah tausende seiner Untertanen unten herumlaufen und laut schreien. „Was machen denn all die vielen Leut da? Die san so laut!“, soll er gesagt haben. Nachdem man ihm mitgeteilt hatte, dass es sich um eine Revolution handelte, soll er gefragt haben: „Ja dürfens denn des?“ Später fuhr er im offenen Wagen durch Wien und die Leute jubelten ihm zu – während der große Metternich schon auf der Flucht war. Als die Dinge schließlich eskalierten, musste der gütige Ferdinand schließlich auch zweimal aus Wien flüchten. In Olmütz zwang ihn schließlich die „böse Sofie“, die Mutter Franz Josephs, zur Abdankung zugunsten ihres Sohnes. Nach einem schaurigen Blutbad in Wien wurde die Monarchie schließlich Ende des Jahres 1848 gerettet und man schob den völlig ungeeigneten Epileptiker nach Prag ab, wo er überraschenderweise noch einige Jahrzehnte überlebte, Uhren reparierte und Knödel aß.

GEISTESKRANKE SITZEN IN „IRRENHAUSSCHLÖSSERN“

„Der Irrsinn ist bei einzelnen etwas Seltenes –
aber bei Gruppen, Parteien, Völkern, Zeiten die Regel.“

Friedrich Nietzsche (1844–1900)
deutscher Philologe und Philosoph

Laut einer Umfrage wissen die meisten Bayern gar nicht, dass sie einen König hatten, der **Otto I.** (1848–1916) hieß. Dabei „herrschte“ dieser Wittelsbacher mehr als 30 Jahre über Bayern, allerdings ohne einen einzigen Tag wirklich zu regieren. Otto war der jüngere Bruder des bayerischen „Märchenkönigs“ Ludwig II. Gemeinsam mit ihm sollte er später den Untergang der bayerischen Monarchie symbolisieren.

Otto von Wittelsbach zeigte schon in seiner Jugend Anzeichen psychischer Störungen, doch in einer verhaltensauffälligen Familie wie der bayerischen Königsfamilie schien das kein großes Aufsehen erregt zu haben. Der junge Prinz entwickelte sich zu einem vordergründig sehr gutaussehenden, sportlichen und charmanten Mann. Die obligaten Uniformen standen ihm gut und er war ein gerne gesehener Ratgeber seines schwierigen Bruders, König Ludwig II. Die beiden Brüder waren sehr eng verbunden, und Ludwig war in gewisser Weise sogar von Ottos Rat abhängig, da er selbst sehr wenig politischen Instinkt besaß. Der jüngere Bruder wurde sowohl engste Bezugsperson als auch Vermittler und seelischer Tröster. Für Ludwig II. bedeutete es eine schwere Belastung, als sich Ottos psychische Probleme immer mehr herauskristallisierten.

Aus dynastischen Gründen musste Otto eine militärische Laufbahn einschlagen und erhielt auch sein eigenes Regiment. Doch die Kriege von 1866 gegen Preußen und 1870/71 gegen Frankreich zeigten, dass der junge Mann psychisch nicht in der Lage war, die Schrecken des Krieges zu verarbeiten. So soll er den Anblick toter, sterbender und verstümmelter Soldaten kaum ertragen haben.

Otto nahm auch an der Kaiserproklamation Wilhelms I. im Spiegelsaal von Schloss Versailles teil, der sein königlicher Bruder bewusst ferngeblieben war. Der Vorgang machte ihn „unendlich traurig“, da damit der Sieg des preußischen Militarismus besiegelt und Bayern zu einem Vasallen degradiert worden war. Seine diesbezüglichen Kommentare waren kritisch und nüchtern.

Spätestens seit 1871 galt Otto immer mehr als menschenscheu und er vermied nach Möglichkeit den Kontakt zum Hofstaat. In der Folge wurde er unter ärztliche Aufsicht gestellt und selbst der neue Reichskanzler Otto von Bismarck erhielt Berichte über den Zustand des Prinzen. Ab Januar 1873 galt Otto schließlich als geisteskrank und wurde in einem Pavillon von Schloss Nymphenburg isoliert unter Aufsicht gehalten.

Ludwig II. musste somit auch einsehen, dass sich sein Bruder im Falle einer Abdankung nicht als Nachfolger eignete, was ihm schwer zusetzte, zumal er ja selbst psychisch äußerst labil war und daher einen Rückzug ins Privatleben durchaus in Erwägung gezogen hatte. Doch nun gab es keinen wirklichen Nachfolger.

Die Krankheit Ottos verschlimmerte sich zusehends und nicht immer konnte man dies vor der Öffentlichkeit verbergen. Im Mai 1875 stürmte Otto ziemlich verwirrt in einen Fronleichnamsgottesdienst in der Münchner Frauenkirche und warf sich auf den Stufen des Altars vor dem Bischof nieder. Dort bekannte er seine Sünden unter lautem Geschrei. Die Messe wurde unterbrochen und zwei Kirchendiener mussten den Prinzen wegschaffen.

Nach diesem Zwischenfall brachte man Otto in Schloss Schleißheim unter, wo er strenger bewacht werden konnte. Er zelebrierte seinen letzten öffentlichen

Auftritt bei der Königsparade am 22. August 1875 gemeinsam mit seinem Bruder Ludwig. Danach verschwand er weitgehend aus der Öffentlichkeit. 1876 schickten ihn die Ärzte zur Erholung in den Bayerischen Wald, was allerdings auch kein zufriedenstellendes Ergebnis brachte. 1878 wurde Otto schließlich entmündigt. Sein behandelnder Arzt war lange Zeit der Psychiater Bernhard von Gudden, der später auch bei der Absetzung seines Bruders eine umstrittene Rolle spielen sollte. Die Psychiatrie jener Zeit befand sich noch in den Kinderschuhen und die Diagnosen waren für heutige Zeiten seltsam vage. Man attestierte Otto wie später seinem Bruder „Schwermütigkeit" und unternahm allerlei „Therapien", die heute fast lächerlich erscheinen. Neben eiskalten Duschen gab es für die Patienten Morphium und moralische Belehrungen. Sogar eine Magnetismustherapie sollte helfen.

Nach heutigem Verständnis litt Otto an einer schizophrenen Psychose mit paranoid-halluzinatorischem Charakter. Im Frühling 1880 verschlechterte sich sein Zustand weiter und man brachte ihn in das nahe bei München gelegene Schloss Fürstenried, das für ihn extra umgebaut worden war. Hier sollte er für den Rest seines Lebens Aufenthalt nehmen. Ludwig II. war weiterhin sehr besorgt um seinen Bruder und ordnete an, dass man ihn keinesfalls mit Gewalt behandeln durfte. Außerdem besuchte er Otto oft in der Nacht. Auch Therese von Bayern besuchte ihren Cousin oft, in den sie trotz allem sehr verliebt war.

Im Juni 1886 wurde Ludwig II. auf Betreiben seiner Minister entmündigt und sein Onkel übernahm die Regierunsgeschäfte in Bayern. Prinz Luitpold führte von nun an die Staatsgeschäfte mit dem Titel eines „Prinzregenten". Nach dem mysteriösen Tod Ludwigs II. wurde Otto aufgrund der geltenden Thronfolgeregelung am 13. Juli 1886 zum bayerischen König gewählt. Da er wegen seiner schweren psychischen Krankheit aber als nicht regierungsfähig galt, führte Luitpold weiterhin die Regentschaft. Otto dürfte die Vorgänge um seine „Thronbesteigung" nicht wirklich begriffen haben und war der Ansicht, dass Luitpold zum neuen König bestellt worden war. Dennoch wurde die Armee auf ihn vereidigt und es wurden neue Münzen mit seinem Konterfei hergestellt.

König Otto saß nun in seinem hermetisch abgeschlossenen Schloss Fürstenried, wo man ihm trotz der Umstände einen gewissen Luxus bot. Immerhin war er ja offiziell der König und eine Art von Hofstaat umgab ihn. Er soll die meiste Zeit ziemlich apathisch herumgesessen sein, viele Zigarren und Zigaretten geraucht und niemanden wirklich erkannt haben. Angeblich sprach Otto gerne zu Vögeln und suchte in der Umgebung nach Erdbeeren. Doch manchmal soll er auch Ansprachen an das Volk der Bayern gehalten haben, bei denen ihm außer den Höflingen niemand zuhören konnte.

Der geistig umnachtete König lebte überraschend lange und überlebte auch seinen Onkel Luitpold, der im Dezember 1912 starb. Dessen Sohn Ludwig wurde nun der neue Prinzregent von Bayern. Dieser ließ die bayerische Verfassung ein Jahr später ändern und konnte somit als König Ludwig III. den Thron besteigen, obwohl Otto noch lebte. Bayern hatte nun für einige Jahre zwei Könige, da Ottos Titel und Ehren nicht angetastet wurden.

Der unglückliche Otto starb schließlich am 11. Oktober 1916 ziemlich plötzlich an einem Darmleiden. Im Zuge seiner öffentlichen Aufbahrung konnten die Menschen zum ersten Mal seit langer Zeit ihren eigentlichen König sehen, da von ihm nur wenige Fotos existierten, die heimlich in Fürstenried aufgenommen worden waren. Während sich an den Weltkriegsfronten das Schicksal Deutschlands und Bayerns entschied, bettete man den unglücklichen König neben seinem Bruder zur letzten Ruhe. Die Nachrufe auf ihn in der deutschen Presse waren teilweise von einer gewissen Boshaftigkeit geprägt und man spekulierte später, ob die Geschichte Bayerns unter einem König Otto, der Herr seiner Sinne gewesen wäre, anders bzw. besser verlaufen wäre. Dies wird allerdings von den meisten Historikern/-innen bezweifelt, denn der Handlungsspielraum eines bayerischen „Herrschers" zu jener Zeit war wohl viel zu begrenzt und das Land hatte seine Souveränität bereits 1871 an Preußen bzw. das Deutsche Reich verloren.

So ist Otto vor allem zum Sinnbild der sterbenden bayerischen Monarchie geworden. Sein Biograf Alfons Schweiggert schrieb nicht zu Unrecht, dass die Monarchie in Bayern bereits 1886 mit dem Tod Ludwigs II. gestorben war, mit dem Tod Ottos 1916 begraben wurde und sich zwei Jahre später, während der Revolution von 1918, dann in Nichts auflöste.

„Auch seine Herrschaft wäre in den Nachkriegsjahren zerbrochen", schrieb Schweiggert noch über Otto, und der Lebensweg der Königsbrüder führt uns vor Augen, „dass sich die Erbärmlichkeit von Macht nirgendwo sonst eindringlicher zeigt, als wenn sie sich im Schatten einer Krankheit zu bewähren versucht".

Geisteskranke Herrscher betrachtete man schon in der Antike als große Gefahr für einen Staat – man denke nur an die vielen „verrückten" römischen Kaiser. Auch im Mittelalter war man sich der Risiken durchaus bewusst, die geistig eingeschränkte Regenten mit sich brachten, war der Staat doch auf Gedeih und Verderb mit seinem König verbunden. Dennoch kamen solche Herrscher immer wieder vor, und einige von ihnen erhielten dann sogar einschlägige Beinamen, wie ein kleiner Blick in die Runde zeigt:

Karl VI. „der Wahnsinnige" (1368–1422) war über 40 Jahre lang König von Frankreich. Das Land befand sich zu jener Zeit im Dauerkrieg mit den lange Zeit überlegenen Engländern, und der wahnsinnige Karl war zumindest mitverantwortlich für einige für Frankreich wenig erfreuliche Ereignisse. Karl VI. kam schon mit elf Jahren im Jahr 1380 auf den Thron, stand jedoch zu Beginn noch unter der Vormundschaft von drei Brüdern seines Vaters. Das Land litt nicht nur unter dem großen Krieg gegen die Engländer, sondern auch an den Folgen der Pest, der große Teile der Bevölkerung zum Opfer gefallen waren.

Karls Vater hatte sein Bestes getan, um die schlimmsten Folgen der Seuche zu beseitigen, und konnte dank seines bedeutenden Feldherrn Bertrand du Guesclin die Engländer auch zurückdrängen. Allerdings waren die drei Herzöge, die als Regenten fungierten, zumeist nur auf ihren eigenen Vorteil bedacht und beuteten Land und Leute noch zusätzlich aus. Es kam immer wieder zu Aufständen, besonders in Paris und in Flandern.

Erst im Jahre 1388 konnte Karl die Herrschaft selbst übernehmen. Zunächst betrachteten seine Zeitgenossen ihn als ziemlich schwach, aber gutwillig. Er konnte noch einige Jahre bei halbwegs klarem Verstand regieren, indem er sich auch auf die verbliebenen Berater seines Vaters stützte. Ab 1392 zeigte der König aber auffällige Anzeichen einer Geistesstörung und war ab 1393 die meiste Zeit über nicht mehr handlungsfähig, unterbrochen von kurzen Zeiträumen, in denen er wieder einen klaren Verstand zu haben schien.

Karls drei Onkel, die ehemaligen Regenten, nutzten die Situation selbstverständlich aus, um den geisteskranken König entsprechend zu manipulieren und auch gegen ihn zu agieren. Dazu gesellten sich nach einiger Zeit auch noch der jüngere Bruder Karls, Ludwig von Orléans, und auch die Königin Isabeau, die ihre eigenen Interessen verfolgte. Etwa ab 1400 gab es am königlichen Hof zwei Gruppierungen, die um die Macht kämpften. Dies waren zunächst die Anhänger von Karls Bruder Ludwig, der sehr ehrgeizig war. Die andere Gruppe waren die Parteigänger der Burgunderherzöge Philipp und dessen Sohn Johann Ohnefurcht. 1407 forderte der Machtkampf ein erstes Opfer, als der Königsbruder Ludwig im Auftrag des Burgunderherzogs Johann ermordet wurde.

Ludwigs Sohn Karl, also der Neffe des Königs, verbündete sich daraufhin mit Ludwig von Anjou und dem Grafen von Armagnac. Der Konflikt schwelte also weiter und trat 1410 in seine heiße Phase, als es zum Bürgerkrieg zwischen den Armagnacs um Karl von Orléans und den Burgundern kam. 1413 konnten die Armagnacs ihre Gegner besiegen und Paris übernehmen.

Nun griffen die Engländer erneut in das Geschehen ein, als der junge und ehrgeizige König Heinrich V. 1415 in Frankreich landete, um zu erobern und zu rauben. Man gedachte die Schwäche des kranken Königs und die noch immer nicht überwundene Spaltung am Hof auszunutzen. Die Franzosen traten in der folgenden Schlacht bei Azincourt mit genau der gleichen Taktik an, die sie schon vor Jahrzehnten bei Crécy und in anderen Kämpfen wenig erfolgreich angewendet hatten: massive Angriffe gepanzerter Reiter gegen die Langbogen der Engländer. Azincourt wurde folglich eine der schlimmsten Niederlagen in der französischen Militärgeschichte. Die Engländer nahmen darauf die Normandie in ihren Besitz.

In Paris herrschten chaotische Zustände. 1417 konnte schließlich der Connétable von Paris, Bernard von Armagnac, der es im Kronrat zu größter Macht gebracht hatte, Königin Isabeau und deren Hofstaat aus der Stadt verbannen. Karl von Orléans war zudem in englische Gefangenschaft geraten. Doch der Versuch einer

Neuordnung hielt nicht lange. Die vertriebene Königin fand im Burgunderherzog einen neuen Verbündeten und eroberte mit dessen Hilfe 1418 Paris zurück. Connétable Bernard wurde hingerichtet und seine Anhänger, die Armagnacs, niedergemetzelt. Der nach dem Tod seiner älteren Brüder neue Kronprinz Karl konnte nach Bourges fliehen. Der geisteskranke König akzeptierte indessen die neuen Verhältnisse und die von seiner Frau installierte Regierung. Der Herzog von Burgund hatte nun großen Einfluss in Paris. Der Dauphin (Thronfolger) sympathisierte aber weiter mit den Armagnac und war nicht bereit, nach Paris zurückzukehren, um seiner möglichen Ermordung zu entgehen.

Dabei war inzwischen die militärische Lage katastrophal, die Engländer hatten große Gebiete Frankreichs verwüstet und standen nun vor Paris. Der Herzog der Bretagne versuchte daher die zerstrittenen Parteien zu versöhnen, um gemeinsam gegen die Engländer kämpfen zu können. Es gab zwei erfolglose Unterredungen, wobei letztere darin gipfelte, dass der Dauphin den Herzog von Burgund selbst ermordete oder ermorden ließ – der genaue Hergang ist bis heute ungeklärt.

König Karl VI. hatte indessen eine etwas hellere Phase, konnte aber nicht verhindern, dass sich der Sohn des Herzogs von Burgund, Philipp der Gute, mit den Engländern verbündete. Der König wandte sich in dieser Situation gegen seinen eigenen Sohn und enterbte den Dauphin zugunsten seiner Tochter Katharina. Diese wurde kurzerhand mit dem erfolgreichen englischen König Heinrich V. verheiratet. So schien man den Konflikt kurzerhand an der Wurzel gepackt und gelöst zu haben. Frankreich und England waren nun in einer Familie geeint.

Es kam aber alles ganz anders. Heinrich V. starb im August 1422 unerwartet an der Ruhr. Sein Sohn Heinrich VI., den wir anschließend noch behandeln werden, war erst ein Jahr alt. Und in Frankreich folgte König Karl VI. seinem Schwiegersohn einige Monate später in den Tod, was dazu führte, dass der kleine Heinrich VI. mit einem Male König von Frankreich und England war. Andererseits gab es mit dem Dauphin auf französischer Seite noch einen Thronkandidaten, und der ließ sich in Bourges als Karl VII. auch kurzerhand zum König ausrufen. Das Land hatte nun zwei Regenten und die Krise wurde damit prolongiert.

Woran Karl VI. tatsächlich litt, war den Zeitgenossen ein Rätsel. Es wurden viele Diagnosen erstellt und unzählige wie erfolglose Heilungsversuche unternommen. Zeitgenössische Berichte zum Wahnsinn des Königs sind einige überliefert. So etwa über ein Ereignis im Wald von Le Mans aus dem Jahr 1392. Karl, der eigentlich zu einem Kriegszug in Richtung Bretagne aufgebrochen war, bekam dort einen fürchterlich aggressiven Tobsuchtsanfall und erschlug dabei vier Leute aus seinem Gefolge. Danach fiel er in eine Art von Koma und war nicht ansprechbar. Die Anfälle des Königs wechselten immer zwischen extremer Wut und Aggression und völliger Apathie. Er weigerte sich oft über längere Zeit, sich anzuziehen oder zu waschen. Manchmal hatte er schlimme Wahnvorstellungen und schlug seine Frau Isabeau von Bayern-Ingolstadt, obwohl er diese eigentlich aufrichtig liebte und mit ihr zwölf Kinder hatte. Gegen Ende seines Lebens wurden diese Zustände immer schlimmer. Insgesamt soll der König 44 schwere Anfälle gehabt haben. Vermutlich litt Karl VI. an in Schüben verlaufender Schizophrenie, beweisen lässt sich das allerdings nicht.

Die Königin Isabeau überlebte ihren Gatten um eine Anzahl von Jahren, begrub aber nach dessen Ableben notgedrungen alle politischen Ambitionen und ging freiwillig nach Burgund ins Exil.

Letztendlich muss man aber konstatieren, dass Frankreich, dessen institutionellen Strukturen klar auf das Haupt, d.h. den König zugeschnitten waren, dessen Erkrankung und den auch damit verbundenen politischen wie militärischen Niedergang relativ gut überstehen konnte. Das Königreich zeigte sich zwar zwischenzeitlich geschwächt, aber alles andere als handlungsunfähig.

Heinrich VI. (1421–1471), der Nachfolger Karls VI., entwickelte sich seinerseits zu einem psychisch angeschlagenen Menschen. Als sein Vater Heinrich V. starb, war das Kind gerade einmal acht Monate alt. Man hielt seine Mutter, eine Tochter Karls V., danach weitgehend von ihrem Sohn fern, damit er von ihr nicht „ungünstig" beeinflusst wurde. Heinrich wurde 1429 in London zum König von England gekrönt und 1431 in Paris zum König von Frankreich. Zwei seiner Onkel, die Herzöge von Gloucester und Bedford, führten für den Kindkönig die Regentschaft in den beiden Ländern.

1437 konnte er dann selbst die Regierung übernehmen. In Frankreich war es längere Zeit relativ ruhig geblieben und es sah zunächst so aus, als könnte England seine eroberten Gebiete halten. Doch dann flammte der französische Widerstand wieder auf, vor allem der Fanatismus der „Jungfrau von Orleans“ gab den französischen Truppen neuen Kampfeswillen. 1435 scheiterte die Friedenskonferenz von Arras und das englische Bündnis mit Burgund löste sich auf. Auch der nachfolgende Frieden von Tours im Jahre 1444 verschaffte den Engländern lediglich eine kurze Atempause, wobei Heinrich nun wie vertraglich vereinbart Margarete von Anjou ehelichte. Außerdem musste er die Grafschaft Maine abtreten. Das führte zu Aufruhr am englischen Hof und die Herzöge von Gloucester und Bedford stellten sich gegen die Günstlinge des Königs. Der Herzog von Gloucester wurde in der Folge sogar verhaftet und starb bald darauf, nachdem seine Gattin als Hexe verurteilt worden war.

Der Frieden von Tours wurde bald gebrochen und die Engländer erlitten in der Folge mehrere Niederlagen. 1450 verloren sie schließlich auch die Normandie und Heinrich VI. geriet in Konflikt mit seinem eigenen Parlament. Sein engster Vertrauter, der Herzog von Suffolk, wurde entmachtet und anschließend wohl ermordet. Es gab auch einen großen Bauernaufstand, der aber niedergeschlagen werden konnte. Hinzu kam, dass Heinrich inzwischen psychisch schwer angeschlagen war und vor sich hin kränkelte. Er konnte sich gegen den Widerstand, der ihm von mehreren Seiten entgegenschlug, kaum behaupten. Zudem mischte sich auch noch der Duke of York, der von seiner Herkunft her ebenfalls Ansprüche auf den Thron vorweisen konnte, in die Geschehnisse ein und der schwache König war mit der Situation völlig überfordert.

Heinrich VI. offenbarte nun auch erst schwere Krankheitssymptome. 1453 fiel er in den Zustand einer Katatonie (eine ausgeprägte Störung der Willkürmotorik, die sich in einer unnatürlich und stark verkrampften Haltung des ganzen Körpers äußert), der fast eineinhalb Jahre dauerte. Er aß das ihm vorgesetzte Essen, schlief, sobald er im Bett war, und starrte sonst nur ins Leere, wobei er offensichtlich die Umgebung nicht wahrnahm und auch nicht ansprechbar war. Die damalige Medizin versagte bei diesem Zustand völlig und der Hofstaat war ratlos. Jede Art von Regierungsgeschäften des kranken Königs war unmöglich, was in der aktuell ohnehin angespannten Situation nicht eben günstig war.

Als der König wieder aus seiner Katatonie erwachte, hatte seine Frau auf „wundersame“ Weise inzwischen einem männlichen Erben das Leben geschenkt. Heinrich glaubte angeblich an eine Zeugung durch den Heiligen Geist, während seine Umgebung etwas realistischer den Herzog von Somerset als Kindesvater sah. Nachdem er sich vollkommen erholt hatte, machte der König zunächst sogar einen einigermaßen gesunden Eindruck, hatte aber seine Macht als Monarch verspielt.

Heinrich VI. war schon zuvor beim Adel wenig beliebt gewesen, doch nun verschlimmerte sich die Situation noch. Die feinen Herren nahmen ihrem Regenten übel, dass er sich aus ihrer Sicht wie ein Mönch aufführte, keine Waffen trug und eine Abscheu gegen das Reiten an den Tag legte, was alles als völlig unritterlich galt. Weit schwerer wog indessen der nun eskalierende Konflikt zwischen den Häusern York und Lancaster, dem Heinrich angehörte, um die Krone Englands, der als „Rosenkriege“ in die Geschichte eingehen sollte. Bei beiden Häusern handelte es sich um Nebenlinien des Königshauses der Plantagenet. Die Kampfhandlungen begannen 1455 mit der ersten Schlacht von St. Albans, die der Duke of York für sich entscheiden konnte. Damit hatte er zwar Fakten geschaffen, allerdings den amtierenden König noch nicht in seiner Gewalt, um ihn so absetzen zu können. Dies gelang schließlich einem seiner Verbündeten, dem Earl of Warwick, der in der Schlacht von Northampton 1460 Heinrich VI. gefangennehmen konnte.

Nun wollte der Duke of York seinen Thronanspruch auch in der Praxis durchsetzen, aber das Parlament verweigerte ihm die Zustimmung. Man einigte sich schließlich so, dass Heinrich VI. Richard Plantagenet, den Duke of York, zu seinem Nachfolger und Erben machte und dabei seinen eigenen Sohn Edward überging. Heinrich VI. blieb somit zwar Regent, wurde aber weiter im Tower in London als Gefangener gehalten.

Dort gab er sich religiös-visuellen Halluzinationen hin und hörte auch Stimmen, die er religiös ausdeutete. Die Priester, denen er davon berichtete, hatten ihre liebe Not damit, die Interpretationen des Königs mit dem offiziellen Glauben in Einklang zu bringen.

Heinrichs Gemahlin Margaret hatte inzwischen die Führung des Hauses Lancaster im Kampf gegen das Haus York übernommen. Schon Ende Dezember 1460 konnte sie einen ersten großen Erfolg erringen. Die Schlacht von Wakefield brachte ihr nicht nur einen großen Sieg ein, in ihr verloren auch der Herzog von York und dessen zweiter Sohn ihr Leben. Zudem wurden weitere prominente Parteigänger des Hauses York gefangengenommen und hingerichtet.

Die Geschichte war damit aber noch nicht vorbei. Im Haus York übernahm der erst 18-jährige Eduard die Führung. Er erlitt zwar zunächst eine weitere militärische Niederlage gegen die Truppen von Königin Margaret, konnte aber schließlich in zwei Schlachten die Armeen der Lancaster vernichtend schlagen. Damit verlor auch Heinrich VI. endgültig seine Krone und der neue englische König hieß Eduard IV. aus dem Hause York.

Die Lancaster gaben sich aber nicht geschlagen. Die Königin und Heinrichs Sohn gingen nach Schottland und Frankreich ins Exil und bereiteten einen Gegenangriff vor. Als der mächtige Earl of Warwick 1470 auf die Seite der Lancaster wechselte, konnten sie ihre lang vorbereitete Gegenattacke endlich durchführen und den neuen König tatsächlich vertreiben. Der inzwischen vollkommen geisteskranke Heinrich VI. wurde wieder zum rechtmäßigen König erklärt, auch wenn er das selbst vielleicht gar nicht mehr so richtig mitbekam.

Dann schlug Eduard IV. zurück. Zunächst konnte er den Earl of Warwick in einer Schlacht besiegen und töten, ehe es zu einer Art von direktem Endkampf mit den Lancaster kam. Dieser ging im Mai 1471 bei Tewkesbury in Szene. Heinrichs VI. Sohn Edward, der erst 18 Jahre alt war, erlitt gegen den inzwischen sehr erfahrenen Edward IV. eine vernichtende Niederlage und wurde auf der Flucht getötet. Edward kehrte auf den Thron zurück und machte nun mit allen Gegnern kurzen Prozess. In Schauverhandlungen wurden zahlreiche Parteigänger der Lancaster zum Tode verurteilt und hingerichtet, Heinrich VI. war wieder Gefangener im Tower. Doch dieses Mal gab es auch für ihn kein Pardon und der Sieger ließ ihn dort ermorden. Damit erlosch die männliche Linie der Lancaster. Doch es gab einen Verwandten aus einer Nebenlinie mit Namen Henry Tudor. Es sollten gerade einmal 14 Jahre vergehen, ehe dieser dann selbst König wurde. Allerdings auf „normalem“ Erbgang, was den ganzen Wahnsinn der Rosenkriege mit allen Gemetzeln ad absurdum führte.

Woran Heinrich VI. litt, ist heute natürlich nicht eindeutig zu klären. Man vermutet, dass er als Enkel von Karl VI. vermutlich dessen Schizophrenie geerbt hatte. Zusätzlich dürfte er paranoide und manische Verhaltensweisen an den Tag gelegt haben, verbunden mit religiös eingefärbten Halluzinationen.

Wie schon zuvor im Falle Karls VI. führte die Erkrankung Heinrichs VI. ebenfalls zu einer Schwächung der Zentralgewalt, die in beiden Fällen zu inneren wie äußeren Konflikten führte. Und in beiden Fällen konnte sich dennoch das Königreich behaupten und am Ende waren zumindest die inneren Konflikte geklärt. Wäre die Geschichte anders verlaufen, wenn diese beiden Könige als gesunde und tatkräftige Herrscher in Erscheinung getreten wären? Vermutlich schon, aber unter dem Strich kann man zumindest vermuten, dass beide Königreiche am Ende ähnlich dagestanden wären, nämlich als starke Staaten, deren Ambitionen wenige Jahrzehnte später sogar deutlich über Europa hinausgingen.

Christian VII. (1749–1808) war König von Dänemark und Norwegen und einer der „verrücktesten“ Herrscher der Geschichte. Bereits seit seiner Jugend galt er als geistesgestört, was aber niemanden daran hinderte, ihn zum König zu erklären. Christians Mutter starb, ehe ihr Sohn drei Jahre alt war. Sein Vater ehelichte daraufhin Juliane von Braunschweig-Wolfenbüttel, die kein Interesse an dem Kind hatte und ihren leiblichen Sohn bevorzugte. Christian galt als sehr schüchtern und sensibel und hatte zudem immer wieder epileptische Anfälle. Seinem Vater war der kleine verschreckte Prinz auch ziemlich egal und er überantwortete ihn einem Erzieher, der sich als verkappter Sadist herausstellte. Seine Erziehung blieb recht mangelhaft, obwohl viele Christian durchaus für intelligent hielten. Schon recht früh zeigten sich Anzeichen einer psychischen Erkrankung. Heute vermutet man, dass der König an Schizophrenie litt, denkbar ist aber auch das Asperger-Syndrom.

Als Christians Vater Friedrich V. ziemlich unerwartet starb, wurde der seltsame Junge kurz vor seinem 17. Geburtstag zum König gekrönt. Vorerst regierte aber ein Kabinett unter dem Vorsitz des Grafen von Bernstorff, doch der junge König begann bald, diesem einigen Ärger zu bereiten. Einige Monate nach seiner Krönung wurde Christian in die Ehe mit einer englischen Prinzessin Caroline gedrängt, die erst 15 Jahre alt war. Die Ehe wurde für beide eine Katastrophe. Christian empfand für seine Gemahlin keine tieferen Gefühle und fühlte sich vielmehr zu seinem besonderen Favoriten Conrad Holck hingezogen. Zudem hatte er ein ziemlich öffentliches Verhältnis mit einer stadtbekannten Prostituierten, die er sogar ins königliche Schloss mitnahm. Letztlich wurde diese Dame aus Gründen der Staatsräson verhaftet und außer Landes gebracht, wo man sie mit einer großzügigen Pension bedachte. Die Umgebung des Königs versuchte, dessen Eskapaden so gut es ging zu verbergen, was aber nicht wirklich gelang. Schließlich schickte man Christian auf eine große Reise in verschiedene Länder Europas, die er mit großem Gefolge unternahm.

Der damals oberste Günstling des jungen Königs, Conrad von Holck, war mit von der Partie. Er kannte den König seit der Kindheit und machte später bei vielen seiner Verrücktheiten mit. Holck organisierte auch Kontakte zu Prostituierten und war an diversen Ausschweifungen des Monarchen beteiligt. Vor allem verhinderte er damit einen allzu engen Kontakt zwischen Christian und seiner jungen Gemahlin, die natürlich unter den Vorfällen litt. Immerhin aber schenkte sie dem König und dem Land den so wichtigen Thronerben. Holck war es auch, der einen deutschen Mediziner als Reisearzt für den König engagierte. Johann Friedrich Struensee war zuvor Armenarzt in Altona gewesen und galt als Anhänger der Aufklärung mit damals sehr revolutionären politischen Vorstellungen. Struensee dankte Holck seine Berufung dadurch, dass er maßgeblich an dessen Entfernung vom königlichen Hof beteiligt war.

Struensee wurde rasch sehr vertraut mit dem König, denn dieser war offensichtlich sehr von ihm beeindruckt. Der Arzt erlangte bald sehr großen Einfluss, Christian verlieh ihm im Mai 1770 den angesehenen Titel eines Etatrats und ernannte ihn zu seinem Leibarzt. Struensee setzte nun alles daran, seine fortschrittlichen Reformideen am dänischen Hof durchzusetzen, weshalb auch der konservative Bernstorff gehen musste. Und da das königliche Beratergremium nichts von liberalen Ideen hielt, wurde es ebenfalls aufgelöst. Als Christian VII. zunehmend kränker wurde, gelang es seinem Freund auch, von ihm eine Generalvollmacht zu bekommen, womit er nun alles an des Königs statt unterschreiben konnte. Das machte ihn zur mächtigsten Person im Land.

Christians Verhaltensauffälligkeiten nahmen indessen zu. Eher harmlos war seine Neigung, seine Gäste an der Tafel mit Essen zu bewerfen. Schon bald wusste zudem jeder bei Hofe, dass der König in seinen eigenen Penis verliebt war und ständig masturbierte. Man hielt Onanie damals generell für ungesund und es erschreckte alle, dass Christian ständig sein Geschlechtsteil bearbeitete, auch wenn man ihm schwere Folgen wie Blindheit prophezeite. Manchmal schlug der verrückte König auch einfach Menschen in seiner Umgebung grundlos ins Gesicht. Man versuchte tunlichst, Unterhaltungen mit ihm zu vermeiden, wenn man nicht geschlagen werden wollte. Manchmal übte er auch Bockspringen, wobei seine Höflinge als Böcke herhalten mussten.

Struensee nutzte die Lage geschickt aus, um seine Macht immer mehr zu festigen. Unliebsame Personen ließ er vom Hof entfernen. Zudem begann er eine sexuelle Beziehung mit der jungen und vernachlässigten Königin. Christian schien davon keine Notiz zu nehmen, vielleicht war es ihm auch egal. Der bekannte englische Schriftsteller Horace Walpole beschrieb Christian VII. als einen „langweiligen Jungen“, der sich eigentlich für nichts Wesentliches interessierte und auch an nichts Gefallen fand – außer vielleicht an seinem Geschlechtsteil.

Bereits als Kind neigte Christian dazu, gemeinsam mit anderen Burschen wahllos Leute in den Straßen Kopenhagens zu verprügeln, und auch später hatte er eine Vorliebe für Gewalttätigkeiten. Angeblich hatte es bei seinen Prügelorgien auch schwere Verletzungen oder gar Tote gegeben, denn er benutzte dazu nicht selten einen Knüppel mit spitzen Dornen. Später kultivierte er dieses Vergnügen, indem er seinen Gesprächspartnern unerwartet ins Gesicht schlug. Da er sich gerne mit jungen Burschen umgab, gab es auch das Gerücht, er wäre eigentlich homo- oder bisexuell. Man dichtete ihm sogar ein sexuelles Verhältnis mit Struensee an, den er sich dann eben auch mit seiner Gemahlin teilen musste. Ein weiterer verstörender Faktor war Christians Vorliebe für öffentliche Hinrichtungen und Folterungen.

Er ließ sich auch eine Art von Foltergestell errichten, dort anbinden und von seinen Dienern blutig peitschen.

Schon bevor der König Struensee kennenlernte, hatten sich seine Halluzinationen und paranoiden Zustände immer mehr verstärkt. Der neue Freund schien indessen die Fähigkeit zu besitzen, Christian zu beruhigen und positiv zu beeinflussen. Der junge Monarch und Königin Caroline, die sich noch immer gerne als junges Mädchen präsentierte, hingen beide auf ihre Weise an dem gebildeten Arzt mit den guten Manieren und den revolutionären Ideen. Oft saß der König nur in einer Ecke und starrte seine Umgebung deprimiert an. Einmal gestand er einem Vertrauten: „Da ist Lärm in meinem Kopf!" In den schlimmsten Tagen war er unansprechbar und schlug seinen Kopf gegen die Wände, bis er blutete.

Struensees absolute Machtposition hielt aber nicht allzu lange. Zwei Jahre lang hatte er wie ein Alleinherrscher regiert, doch der Hofadel arbeitete bereits daran, den bürgerlichen Aufsteiger wieder zu entfernen. An den Plänen war auch die Königswitwe Juliane Marie beteiligt, die sich an die Seite der meisten Adelshäuser stellte, die endlich mit dem „Revolutionär" abrechnen wollten. Struensee wurde schließlich verhaftet und es kam zu einem Prozess, auf den der König keinen Einfluss hatte. Man hatte ihm dazu lediglich ein paar notwendige Unterschriften abgepresst. Der Ausgang des Verfahrens stand im Grunde von Anfang an fest, und am 28. April 1772 wurden Struensee und sein engster Vertrauter hingerichtet. Man schlug beiden zunächst die rechte Hand ab, ehe man sie enthauptete und anschließend vierteilte. König Christian dürfte dazu eine Zeichnung angefertigt haben, welche die Köpfe von Struensee und seinem Vertrauten Brandt darstellte. Dazu hatte er auf Deutsch geschrieben: „Ich hätte sie gerne gerettet."

Die Ehe zwischen Christian und seiner Gemahlin wurde schließlich geschieden und Caroline auf Betreiben der Königinwitwe, die auch wesentlicher Motor dieser Scheidung gewesen war, nach Celle ins Exil geschickt. Die junge Frau war zu diesem Zeitpunkt gerade einmal 21 Jahre alt und gebar im Exil noch eine Tochter, die zwar offiziell das Kind des Königs war, obwohl alle wussten, dass Struensee der eigentliche Vater war.

Der erst 23-jährige kranke König war von nun an eigentlich ein Gefangener des Adels und seiner Stiefmutter, die ihn von allen Staatsgeschäften fernhielten. Der neue Mann an der Staatsspitze war Ove Høegh-Guldberg, der sein Bestes tat, um möglichst viele der von Struensee eingeführten Reformen wieder aufzuheben.

Ab 1784 regierte Christians Sohn Friedrich als Kronprinzregent das Land. Er führte viele liberale Gesetze wieder ein. Unter ihm erlebte Dänemark eine erneute Blüte. Als das königliche Schloss Christiansborg 1794 abbrannte, wurde der König obdachlos und erhielt schließlich das Stadtpalais einer Adelsfamilie als neues Zuhause. Christian VII. starb 1808 und fand im Dom von Roskilde seine letzte Ruhe. Er ging als einer der skurrilsten geisteskranken Herrscher in die Geschichte ein.

DIE „HEILIGE KRANKHEIT"
EPILEPSIE

„Er fiel auf dem Marktplatz nieder,
hatte Schaum vor dem Mund und war sprachlos."

William Shakespeare (1564–1616)
englischer Dramatiker

Kann eine Krankheit „heilig" sein? Warum nennen die Iren die Epilepsie „die Krankheit des heiligen Paulus"? Es gibt kaum eine Krankheit, die im Laufe der Geschichte so viele Namen bekommen hat und immer wieder derart positiv besetzt war wie die Epilepsie.

Ein epileptischer Anfall kann extrem unterschiedlich aussehen. Es gibt Anfälle ohne Schreie und Bewusstlosigkeit, ohne das Umfallen, Steifwerden, Zungenbisse ohne Krämpfe und Blauwerden. Sehr oft merkt nicht einmal der bzw. die Betroffene etwas davon. Manchmal ist es nur eine Art von Unaufmerksamkeit für ein paar Sekunden Dauer oder das kurze Zucken eines Armes oder der Augenlider. Daher hat man versucht, Beschreibungen zu erarbeiten, die allgemeingültig sind und auf alle Anfallformen zutreffen können. Ein epileptischer Anfall ist eine verhältnismäßig kurze und plötzliche Änderung des Verhaltens, Denkens, Bewusstseins, Gedächtnisses, Empfindens oder Fühlens bzw. die Anspannung von Muskulatur in Folge einer kurzfristigen Funktionsstörung von Nervenzellen im Gehirn in der Form von zunehmenden und sich gegenseitig aufschaukelnden elektrischen Entladungen. Da diese Definition etwas zu umständlich erscheint, kann man epileptische Anfälle auch als temporäre Funktionsstörung von Nervenzellen beschreiben, wobei es bezüglich der Auswirkungen davon abhängt, welche Funktionen normalerweise diese Nervenzellen haben. Das kann sich über das ganze Spektrum der Nervenzellen erstrecken, vom Geruchssinn über das Sehen, die Aufnahme von Informationen, die Erinnerung und auch Unterbrechungen des Bewusstseins. Da man heute bei mehr als 50 % der Betroffenen noch immer keine wirklich fassbare Ursache für die Anfälle ermitteln kann, war es natürlich in historischen Zeiten so gut wie unmöglich, entsprechende Ursachen zu finden. Da es zu verschiedenen Ursachen von epileptischen Ereignissen kommen kann, wie z. B. nach Kopfverletzungen oder Hirnabszessen, spricht man heute nur mehr bei wiederkehrenden Anfällen von echter Epilepsie, wenn eine andere Ursache ausgeschlossen werden kann.

William Shakespeare stellt uns in seinen Dramen den römischen Staatsmann und Feldherrn **Julius Caesar** (100–44 v. Chr.) als jemanden vor, der an der „Fallsucht" gelitten habe. Die überlieferten Krankheitssymptome des großen Caesar deuten aus heutiger Sicht eindeutig auf Epilepsie hin. Berichte darüber finden sich bei einigen antiken Autoren. Plutarch etwa schrieb, dass Caesar an Kopfschmerzen und Epilepsie gelitten habe. Die Berichte sind sich nicht ganz einig darüber, wann der erste epileptische Anfall des großen Staatsmanns nachweislich erfolgte. War es bei den Kämpfen in Corduba (Córdoba in Spanien), wahrend der Schlacht von Thapsus im heutigen Tunesien (46 v. Chr.) oder schon viel früher? Caesar soll einmal das Nichtaufstehen vor dem Senat mit seiner Krankheit entschuldigt haben. Auch der Biograf Gaius Tranquillus (Sueton) berichtet über Ohnmachtsanfälle und eindeutige epileptische Anfälle in Caesars Leben, die auch seine öffentlichen Auftritte beeinträchtigten. Auch Appianus und der bereits erwähnte Plutarch schrieben über die Krampfanfälle des „Diktators auf Lebenszeit" bei wichtigen Ereignissen und Schlachten.

In Caesars Verwandtschaft gab es offensichtlich mehrere Epileptiker. Man machte aber kein großes Drama um die „heilige Krankheit", sie galt bei vielen Menschen der Antike sogar als positiv besetzt. Somit könnte es auch sein, dass Caesars Familie diese Diagnose bewusst in Umlauf setzte. Andererseits scheinen Epileptiker in den Legionen nicht sehr willkommen gewesen zu sein. Eine aufgrund der uneindeutigen Quellenlage schwer zu verifizierende Erzählung berichtet von einer Art Epilepsietest bei der Aufnahme von Soldaten. Dabei soll eine Kerze hinter ein Wagenrad gestellt worden sein, das man dann schnell drehte, während der Aufnahmekandidat hindurchschauen musste. Es war bekannt, dass die schnelle Abfolge von Lichtreflexen bei vielen Epileptikern einen Anfall hervorrufen kann. Falls es diesen Test zur Zeit Caesars tatsächlich gab, so hat man diesen bei Angehörigen der Aristokratie wie etwa bei den Juliern wohl kaum durchgeführt.

Auch der karthagische Stratege und Feldherr **Hannibal Barkas** (um 247–183 v. Chr.) könnte Epileptiker und damit von der „heiligen Krankheit" befallen gewesen sein. Doch hier ist die Quellenlage im Vergleich zu Caesar sehr viel dünner.

Bei beiden Feldherren hatte die Erkrankung bestenfalls sehr geringe Auswirkungen auf ihre Tätigkeit. Es gibt keine Hinweise darauf, dass entsprechende Anfälle zu Fehlentscheidungen und damit eventuell militärischen oder politischen Niederlagen geführt hätten.

Hatte die Epilepsie einen wesentlichen Anteil an der eigentlichen Gründung des Christentums? Wurde **Saulus/Paulus** (um 10–nach 60) zum eigentlichen Schöpfer der christlichen Religion, weil er Epileptiker war? Im Zentrum dieser Vermutung steht das „Damaskuserlebnis" des Religionsstifters, bei dem Paulus dem auferstandenen Jesus Christus auf dem Weg nach Damaskus begegnet war und danach zum Apostel der Völker wurde.

Saulus/Paulus stürzte vom Pferd, lag einige Zeit reglos am Boden und konnte sich schließlich aus eigener Kraft erheben. Außerdem wies er eine Beeinträchtigung des Sehvermögens auf, es wurde sogar von einer tagelangen Blindheit gesprochen. Paulus selbst gab in seinen Briefen eine „körperliche Schwäche" an, er schrieb auch, dass es zu seiner Zeit üblich war, vor Epileptikern auszuspucken. Bei dem im Neuen Testament beschriebenen „Damaskuserlebnis" wird auch von einer anfallartigen Attacke berichtet, Paulus, der seine Reise vor der angeblichen Bekehrung zum Christentum unternommen hatte, sei „plötzlich von einem Licht vom Himmel“ umstrahlt worden, ehe er zu Boden fiel und eine Stimme hörte: „Saul, Saul, warum verfolgst du mich?“ Saulus/Paulus erhob sich sodann, sah aber nichts. Er soll drei Tage blind gewesen und nichts gegessen und getrunken haben.

Die These wurde noch vor wenigen Jahren unter Ärzten lebhaft diskutiert. Klare Beweise oder auch Gegenbeweise gibt es natürlich nicht.

Michael IV. der Paphlagonier (1010–1041) war sieben Jahre lang byzantinischer Kaiser. Er entstammte im Gegensatz zu den meisten seiner „purpurgeborenen“ Vorgänger einfachen Verhältnissen. Sein Bruder Johannes hatte als Eunuch aber eine wichtige Position am byzantinischen Hof inne, was Michael die Position eines Kammerherrn verschaffte. Als Michaels Vorgänger Romanos III. und dessen Frau Zoe nach vielen Versuchen, an denen sich sogar Magier beteiligten, nach wie vor kinderlos blieben, wandte sich die Kaiserin ihrem Kammerherrn zu, der bekanntermaßen Epileptiker war, um endlich einen Erben in die Welt setzen zu können. Nachdem Romanos III. wahrscheinlich den Gifttod starb, heiratete Zoe dann ihren Kammerherrn, der als Michael IV. gekrönt wurde. Man darf vermuten, dass Michaels Bruder, der Eunuch Johannes, an dieser Geschichte nicht ganz unbeteiligt war, um letztlich auch seine eigene Macht abzusichern bzw. auszubauen. Jedenfalls überließ Michael IV. dann auch die Regierung zunächst seinem Bruder, welcher es immerhin zuwege brachte, einen Friedensvertrag mit dem für Byzanz gefährlichen Kalifen von Ägypten zu schließen. Michael ließ als herausragende Leistung in der Folge die Grabeskirche in Jerusalem aus eigener Tasche renovieren. Die Armee unter der Herrschaft der beiden ungleichen Brüder konnte auch einige Erfolge erzielen und etwa einst für das Reich verlorengegangene Städte wie Messina und Syrakus zurückerobern. Auch am Balkan kam es zu Gebietsgewinnen.

Natürlich verbreiteten sich schnell Gerüchte, dass Zoe und Michael Kaiser Romanos III. ermordet hätten, zumal die Kaiserin offenbar schon länger eine Affäre mit dem Aufsteiger gehabt hatte. Michael wurde zwar als klug, umgänglich und energiegeladen beschrieben, hatte aber eine schlechte Gesundheit. Zudem traute er seiner neuen Gattin Zoe nicht besonders, da sie ja auch ihren vorigen Mann mit ihm betrogen hatte. Die Atmosphäre am kaiserlichen Hof scheint wie so oft in der byzantinischen Geschichte ziemlich giftig gewesen zu sein. Der neue Kaiser reagierte entsprechend und verbannte seine Gattin letztlich in ein „Frauenquartier", wo sie von nun an unter Aufsicht leben musste und vom politischen Geschehen ausgeschlossen war. Soweit es sein Eunuchenbruder zuließ, versuchte Michael das Beste für das Imperium zu erreichen, und es stellte sich heraus, dass er als militärischer Befehlshaber sehr befähigt war.

Der Eunuch Johannes reformierte indessen die Armee und das Steuerwesen, was zu einer Stärkung des Reiches führte. Dennoch brachen einige Revolten aus und die beiden Brüder mussten alle ihre Energie aufwenden, um Herr der Lage zu werden. Missernten und Hungersnöte kamen erschwerend hinzu. Die beiden ließen einige führende Adelige wegen Verschwörungen verhaften und hinrichten. Auch die mehr oder weniger gefangene Kaiserin beteiligte sich an einer dieser Verschwörungen, die es zum Ziel hatte, den Eunuchen Johannes zu vergiften. Im Jahr 1038 kam es auch zu einem Aufstand von Teilen der Armee.

Das Byzantinische Reich hatte viele Feinde und musste sich in dieser Zeit vor allem gegen Araber, Petschenegen und Serben behaupten. Die Byzantiner konnten Sizilien fast wieder unter ihre Kontrolle bringen, ehe ihnen ihre normannischen Verbündeten in den Rücken fielen und sich als neue Macht in Italien etablierten. Im Norden des Reiches kam es 1040 zu einer Revolte der unterworfenen Serben und auch der Bulgaren, wobei das neue Steuersystem einer der Gründe dafür war. Große Gebiete gingen dem Reich in der Folge verloren und in Griechenland gab es einen weiteren Aufstand gegen Michael IV. und seinen Bruder.

Gerade zu diesem Zeitpunkt setzte die Epilepsie dem Kaiser massiv zu, er war halb gelähmt und entwickelte eine heftige Wassersucht, was auch dazu führte, dass seine Beine brandig wurden. Dennoch wollte er die kaiserliche Armee persönlich gegen die Bulgaren ins Feld führen und brach im Jahr 1041 mit 40.000 Mann, unter denen sich viele Wikingersöldner befanden, in Richtung Balkan auf. Die Bulgaren konnten in offener Feldschlacht besiegt werden und die Byzantiner drangen weit in deren Gebiet ein. Letztlich konnte auch der letzte Anführer der Bulgaren gefangen genommen werden. Die Gesundheit des Kaisers verschlechterte sich indessen weiter, und er schaffte es mit Mühen, lebend zurück nach Konstantinopel zu kommen.

Es war klar, dass der Kaiser ein sterbender Mann war. Als es mit ihm zu Ende ging, war sein Bruder Johannes an seiner Seite und zwang Zoe, dessen und Michaels Neffen, ebenfalls ein Michael, zu adoptieren, damit er später zum nächsten Kaiser gekrönt werden konnte. Michael IV. starb am 10. Dezember 1041, er hatte es seiner Gattin bis zuletzt verboten, ihn am Sterbebett zu besuchen.

Seine Erkrankung hatte ihn zwar zeitlebens begleitet, wurde aber erst gegen Ende seines Lebens zu einer den Geschichtsverlauf beeinflussenden Größe. Allerdings muss offenbleiben, ob die längere Herrschaft eines gesunden Kaisers für Byzanz dann auch wirklich einen Machtzugewinn bedeutet hätte.

Johanna von Orléans (1412–1431) soll angeblich auch Epileptikerin gewesen sein, aber das ist letztlich so wenig abgesichert wie so vieles andere, was über diese seltsame Heilige berichtet wurde und wird, die letztendlich als Ketzerin und Hexe verbrannt wurde. Manche Experten mutmaßen, dass es sich bei den vielen Visionen, die Johanna gehabt haben soll, um eine seltene Form der Epilepsie gehandelt hat, wobei natürlich auch psychische Störungen nicht ausgeschlossen sind. Als man ihr den Prozess machte, gab sie laut Gerichtsprotokoll an, mit 13 Jahren bereits erste Visionen gehabt zu haben. Sie wollte die Stimme der Heiligen Katharina gehört haben, wozu sich später jene des Erzengels Michael und der Heiligen Margareta gesellten. Von ihnen hatte sie nach eigener Darstellung den Befehl erhalten, Frankreich von den Engländern zu befreien. Außerdem sollte sie den Dauphin zur Krönung geleiten. Diese Erscheinungen haben sich ihr zufolge mehrmals wiederholt. So verließ Johanna Ende 1428 ihr Elternhaus und machte sich auf den Weg zum französischen König. Es gelang ihr, einige königliche Beamte von ihren Visionen zu überzeugen, und so wurde sie zum Dauphin, dem späteren Karl VII., nach Chinon gebracht. Dort konnte sie den künftigen Herrscher Frankreichs davon überzeugen, sich in Reims zum König salben zu lassen. Wie sie das genau tat, ist umstritten. Man weiß nur, dass sie sich mit ihm in einen Raum zurückzog und ihm angeblich dort von ihren Visionen erzählte.

Danach wurde sie mehrere Wochen lang von wichtigen Höflingen und Geistlichen genau befragt sowie auf Jungfräulichkeit untersucht. Sie konnte offensichtlich überzeugen und bekam eine Rüstung, um mit einer ihr quasi zur Verfügung gestellten Einheit einen Versorgungszug ins belagerte Orléans zu bringen. Die Ankunft des Zugs motivierte die Belagerten zu einem Ausfall. Johanna ritt voran, wurde von einem Pfeil getroffen und kämpfte dennoch weiter. Das beeindruckte die Franzosen und sie schlugen die eigentlich überlegenen Engländer, die am nächsten Tag abzogen. Im Juni 1429 gelang es den französischen Truppen dann unter der Führung Johannas, die Engländer aus den Gebieten südlich der Loire zu vertreiben.

Schon am 17. Juli 1429 kam es zur Salbung des Dauphins im Dom von Reims, genau wie es Johanna vorausgesagt hatte. Sie selbst erregte dabei mehr Aufmerksamkeit als der neue König und sogar ihre Familie wurde vom König ausgezeichnet, was bei einigen Personen am Hof Neid erregte. Johanna ersuchte den König nun mehrmals, einen Angriff auf Paris unternehmen zu dürfen. Dieser gab ihr schließlich die Erlaubnis, doch der Vorstoß misslang und Johanna fiel bei Karl VII. in Ungnade. Er wollte lieber mit den Engländern Frieden schließen und reduzierte sogar seine Armee.

Johanna machte indessen weiter Stimmung gegen die Engländer, wurde aber im Mai 1430 verraten und fiel in die Hände der mit den Engländern verbündeten Burgunder. Deren Herzog verkaufte sie an die Engländer, die Johanna einen Monat lang gefangen hielten. Schließlich wurde gegen sie ein großer Prozess veranstaltet, in dessen Verlauf sie sich zwar teilweise geschickt verteidigte, aber dennoch wegen „Aberglaubens, Irrlehren und anderer Verbrechen“ verurteilt wurde. Zudem wurde sie als Mörderin bezichtigt, da sie als Frau kein Soldat sein konnte, aber in dieser Funktion einige Männer getötet hatte. Und natürlich unterstellte man ihr, bei ihren Visionen auch Dämonen angebetet zu haben.

Da sie mit dem Tod auf dem Scheiterhaufen rechnen musste, schwor Johanna aus Angst ihren Überzeugungen als Irrlehre ab, widerrief das Geständnis aber später wieder. Nach ihrem Abschwören wurde sie zunächst zu lebenslanger Haft wegen Häresie verurteilt, doch die Engländer wollten sie brennen sehen, um auch Karl VII. der Häresie beschuldigen zu können, da er mit ihr Kontakt gehabt hatte. So kam es schließlich zu einem zweiten Prozess, dessen Ausgang eigentlich vorherbestimmt war. Johanna hatte in ihrer Zelle Männerkleidung getragen, da man ihr ihre Frauenkleider weggenommen hatte, was als unbelehrbare Häresie galt. Sie wies nun auch eindeutige Spuren von Folterungen auf. Derart in die Enge getrieben, widerrief sie alle ihre Geständnisse. Die Engländer hatten nun allen Grund, Johanna dem Feuertod auf dem Scheiterhaufen zu überantworten.

Sie wurde schließlich am 30. Mai 1431 in Rouen verbrannt und ihre Asche in die Seine geworfen. Johanna fiel aber nicht der Vergessenheit anheim, sondern wurde immer mehr zu einem französischen Nationalmythos. Auch Karl VII. entsann sich ihrer wieder und rehabilitierte sie nach seinem Sieg über die Engländer. Es kam sogar eine größere Anzahl von – gefälschten – Reliquien der „Jungfrau" in Umlauf. 1909 wurde Johanna selig und 1920 vom Papst heilig gesprochen.

Die Diskussion über ihre Visionen riss nie wirklich ab. Der Psychiater William Hirsch bezeichnete Johannas Zustand als eine Paranoia hallucinatoria chronica bzw. Paranoia religiosa, die dem schizophrenen Formenkreis zugehörig sind. Weit mehr Experten bringen ihre Visionen aber mit epileptischen Anfällen in Verbindung. Wenn diese Theorie zutrifft, hätte Johannas Erkrankung sicherlich die Geschichte beeinflusst, da sie den französischen Widerstand gegen die englische Besatzung entscheidend befeuerte und letztlich wohl auch dazu beitrug, dass diese Besatzungszeit im Jahr 1453 endete.

Ein historisch bekannter „Geistlicher", der angeblich an Epilepsie litt, war der französische **Kardinal Armand-Jean du Plessis, Duc de Richelieu** (1585–1642). Einige Historiker wie Karl Jakob Burckhardt sowie eine Anzahl von Psychiatern und Gerichtsmedizinern sind sich darin einig, dass der Befund auf diesen wesentlichen Gestalter der französischen Geschichte zutrifft. Richelieu hatte offensichtlich intensiv gegen seine Krankheit gekämpft, der er unter anderem mit Duftessenzen beikommen wollte. Seine Auftragsgemälde zeigen ihn natürlich weder krank noch körperlich geschwächt. Dabei ist bekannt, dass er von seiner Kindheit an gesundheitlich sehr anfällig war. Ob die Epilepsie – so er überhaupt darunter litt

– zumindest fallweise seine politischen Entscheidungen beeinflusste, wissen wir nicht. Größeren Einfluss dürfte sie eher nicht gehabt haben.

Ludwig XIII. (1601–1643) von Frankreich verstarb verhältnismäßig jung an der Tuberkulose. Bei der Leichenöffnung wurde erkannt, dass er eine ziemlich zerstörte Lunge und Geschwüre im Darm hatte, die schwere Durchfälle verursacht hatten. Allerdings gibt es auch einige Berichte, die nahelegen, dass er unter Epilepsie gelitten hatte.

Ludwig war der älteste Sohn von Heinrich IV. von Frankreich und Navarra und erlebte eine nicht sehr glückliche Kindheit, er wurde streng erzogen, wobei man ihm häufig auch Schläge verabreichte, und er hatte kaum Kontakt zu seinem Vater. Er entwickelte sich zu einer schüchternen Persönlichkeit, fühlte sich in Gesellschaft meistens nicht wohl und hatte eine Neigung zum Stottern. Andererseits besaß er auch einen ziemlich starken Willen und konnte rücksichtslos und entschlossen handeln, auch wenn es gegen seine eigenen Gefühle war. Ludwig neigte auch stark zur Eifersucht, unter der seine Umgebung und auch seine Minister litten.

Der nicht sehr glücklich aufgewachsene junge Prinz musste nach der Ermordung seines Vaters bereits mit neun Jahren den Thron besteigen. Die wirkliche Macht hatte lange Zeit seine Mutter Maria de Medici inne. Am königlichen Hof galt der junge König als ziemlich unfähiger Idiot. Doch schon mit 16 Jahren ließ Ludwig den intriganten Günstling seiner Mutter ermorden und verbannte Maria de Medici vom Hof. Die Mutter versuchte nun alles, um gemeinsam mit einigen Vertretern des Hochadels die königliche Macht zu schwächen. Ludwig XIII. musste folglich als 19-Jähriger eine Adelsverschwörung niederschlagen, an der seine Mutter beteiligt war. Es kam dennoch zu Verhandlungen zwischen ihm und seiner Mutter und letztere konnte sogar an den Hof zurückkehren. Er machte sogar 1624 Kardinal Richelieu, den Vertrauten seiner Mutter, zum leitenden Minister. Dieser setzte auf einen aggressiven Kurs gegen das Haus Habsburg und führte Frankreich in den Dreißigjährigen Krieg. Außerdem wurden die Hugenotten als Glaubensfeinde bekämpft. Maria de Medici und ihr einstmaliger Berater Richelieu entfremdeten sich indessen immer mehr, und als der Streit zwischen den beiden zu eskalieren drohte, entschied sich Ludwig für Richilieu und schickte seine Mutter 1631 neuerlich in die Verbannung.

Ludwig XIII. konnte Frankreich zwar gemeinsam mit Richelieu zu lange Zeit nicht gekannter Macht führen, die auch international immer bedeutender wurde, aber er führte dennoch kein sehr glückliches Leben. Ein besonders einschneidendes Erlebnis war für ihn sicherlich die Hinrichtung seines geliebten Favoriten Henri Coiffier de Ruzé, Marquis de Cinq-Mars, der sich gegen den allmächtigen Richilieu verschworen hatte. Ludwig, der eindeutig homosexuell veranlagt war, hatte im Laufe seines Lebens mehrere Favoriten und seine Ehe blieb 20 Jahre lang kinderlos. Es gibt einige mehr oder weniger nette Geschichten, wie er dennoch Vater wurde und den künftigen Ludwig XIV. und dessen Bruder Philipp zeugte, aber auch das ziemlich hartnäckige Gerücht, dass Richelieu der eigentliche Vater des Thronfolgers war und dadurch die Dynastie rettete.

Ludwig XIII. starb mit 43 Jahren und ließ seinen Erben als kleines Kind zurück. Dieses sollte auch keine sehr glückliche Kindheit haben, sich aber später zum bedeutendsten König Frankreichs entwickeln. Inwieweit Ludwig XIII. von seiner sehr wahrscheinlichen Epilepsie geplagt bzw. behindert wurde, lässt sich leider aufgrund der Quellenlage nicht belegen.

Wilhelm III. aus dem Haus Oranien (1650–1702) war zunächst Statthalter der Niederlande und ab 1689 König von England, Schottland und Irland. Es wurde immer wieder berichtet, dass er an Epilepsie litt. Der britische Premierminister Winston Churchill charakterisierte ihn viel später eher wenig freundlich, hob aber hervor: „Wilhelm von Oranien war vaterlos und kinderlos. Sein Leben war liebeleer. Seine Heirat wurde von der Staatsräson diktiert. Eine zänkische Großmutter hatte ihn erzogen und seine Jugendjahre regelte eine niederländische Erziehungskommission nach der anderen. Seine Kindheit war unglücklich und seine Gesundheit schlecht. Er hatte eine tuberkulöse Lunge, war asthmatisch und ein wenig verwachsen. Aber in dieser ausgezehrten und gebrechlichen Hülle brannte ein unbarmherziges Feuer, angefacht von den Stürmen Europas und noch verstärkt durch den unerbittlichen Druck seiner Umwelt. Frauen bedeutetem ihm wenig. Lange Zeit behandelte er seine liebevolle treue Gattin gleichgültig. Er bekannte sich natürlich zum calvinistischen Glauben, schien jedoch aus dieser gestrengen Lehre nur wenig geistlichen Trost gewonnen zu haben. Als Herrscher und als Befehlshaber war er bar aller religiösen Vorurteile."

Auch bei ihm scheint die Epilepsie keine wesentlichen Auswirkungen auf seine Entscheidungsfähigkeit gehabt zu haben.

Es ist wohl eine seltsame Laune der Geschichte, dass die beiden bedeutendsten Feldherren der Koalitionskriege des endenden 18. und beginnenden 19. Jahrhunderts offensichtlich Epileptiker waren. Der Korse Napoleon I. und sein habsburgischer Widerpart **Erzherzog Karl** (1771–1847) besaßen jedenfalls beide diese Neigung. Besonders bei Erzherzog Karl, dem jüngeren Bruder von Kaiser Franz II., zeigte sich von Jugend an eine ziemliche schwache Gesundheit, was ihn allerdings nicht daran hinderte, sich voll und ganz dem Militär zu verschreiben. Dabei wurden erste Hinweise auf ein epileptisches Leiden schon ab seinem achten Lebensjahr evident. So berichtete ein Höfling: „Oft zuckte er an allen Gliedern, während der Blick der verglasten Augen einen starren Ausdruck bekam."

Als Feldherr feierte Karl mehrere Erfolge gegen die Truppen des revolutionären Frankreichs, seine Beliebtheit bei Hofe verbesserte dies allerdings nicht. Selbst sein kaiserlicher Bruder zählte eher nicht zu seinen wirklichen Freunden, und man nahm auch seine Epilepsie immer wieder zum Anlass, ihm seinen hohen militärischen Posten streitig zu machen. Als er 1795 wieder eine Reihe von Anfällen erlitt, wurde Erzherzog Karl sogar vorübergehend demissioniert, wobei wohl eher private Auseinandersetzungen zwischen ihm und seinem Bruder der eigentliche Auslöser gewesen sein dürften.

Auch der Karl wenig geneigte „Hofmedikus" schrieb 1799: „Die Gesundheit Seiner Königlichen Hoheit ist leider seit mehreren Monaten nicht die beste. Die sog. Nervenkrämpfe plagen Höchstdieselbe sehr oft. Da Höchstdieselbe in der vergangenen Nacht einen epileptischen Anfall erlitten, der Sie so abgemattet hat, dass Sie heute den ganzen Tag das Bett nicht verlassen können, so erlaubt mir meine Gewissenspflicht nicht länger zu schweigen."

Dennoch dürfte die Epilepsie des Erzherzogs dessen militärischen Aktivitäten in der Regel wenig eingeschränkt haben. Nach vielen Siegen über die französischen

Armeen konnte er 1809 Napoleon sogar eine fast vernichtende Niederlage beibringen. Jener wusste seinen Gegner zu schätzen und meinte, dass Karl ohne seine Feinde am Wiener Hof durchaus gute Chancen gehabt hätte, ihn in den Schatten zu stellen.

Nachdem sich Karl schließlich in der Schlacht bei Wagram dem Korsen und dessen zahlenmäßig weit überlegener Armee knapp geschlagen geben musste, zwang ihn sein kaiserlicher Bruder dazu, endgültig vom Oberkommando der österreichischen Armee zurückzutreten. Karl zog sich schließlich ins Privatleben zurück und verfasste militärhistorische Schriften.

Der einerseits sehr begabte und andererseits auch durchtriebene französische Außenminister Charles-Maurice de Talleyrand schrieb 1805 über seinen kaiserlichen Herrn **Napoleon** (1769–1821): *„Er stöhnte und speichelte, er hatte eine Art Konvulsionen, die nach einer Viertelstunde aufhörten …"* Mit Berichten dieser Art war er nicht der Einzige, die vermeintlichen epileptischen Anfälle Napoleons sind gut dokumentiert. *„Von Jugend an hatte er epileptische Zufälle. So wurde er, als er auf der Schule zu Paris zur Strafe für eine Insubordination (…) auf den Knien essen sollte, von einem so heftigen Krampfanfall ergriffen, dann man ihm die Strafe erlassen musste"*, berichtete 1838 ein Biograf über den jungen Napoleon. Auch der kaiserliche Kammerdiener Louis Constant Wairy schrieb in seinen Memoiren, dass Napoleon etwa in der Nacht auf den 10. September 1804 *„einen heftigen Nervenschock oder epileptischen Anfall gehabt, mit denen er behaftet sei"* hatte.

Trotz dieser und weiterer Hinweise gilt es unter Experten als nicht völlig gesichert, ob Napoleon tatsächlich Epileptiker war. Manche hegen daran keinen Zweifel, zumal Napoleons Vater ein schwerer Alkoholiker war und bei dem Korsen selbst eine Bradykardie mit zerebralen Durchblutungsstörungen attestiert wurde. Andere gingen sogar von einem Hydrocephalus aus. Andererseits hatte keiner von Napoleons Ärzten jemals Verdachtsmomente in Richtung Epilepsie geäußert. Was allerdings wenig beweist, da man entsprechende Diagnosen möglicherweise auch unter den Teppich kehrte, um keinen Makel am Bild des Kaisers aufkommen zu lassen. Vermutlich dürften die epileptischen Anfälle des Kaisers relativ selten gewesen sein und seine Aktivitäten wenig eingeschränkt haben.

Auch Päpste konnten an der Epilepsie leiden. Bekanntestes Beispiel dafür ist **Pius IX.** (1792–1878), der auch von allen Päpsten am längsten im Amt war – 31 Jahre lang. Der Papst, der ursprünglich auf den Namen Giovanni Maria Mastai-Ferretti hörte, wurde besonders in seiner Jugend von der Epilepsie heimgesucht. Seinen ersten Anfall hatte er mit 15 Jahren, nachdem er angeblich ins Wasser gefallen war. Als er sich mit 23 Jahren um eine Stellung in der päpstlichen Wache bewarb, wies man ihn ab, weil er Epileptiker war. 30 Jahre danach wurde er Papst und die Epilepsie war kein Thema mehr, angeblich war sie sogar völlig verschwunden. Pius IX. führte zunächst einige liberale Reformen im Vatikan ein, wurde im Laufe der Zeit aber zu einem immer konservativeren Kirchenführer, der unter anderem das Judenghetto in Rom wieder einführen und den Talmud auf die Liste der verbotenen Bücher setzen ließ. Unter seiner Ägide wurden auch letztmals Hinrichtungen im Vatikan durchgeführt. Wenn Pius in späteren Jahren noch an der Krankheit litt, so wusste man dies gut vor der Öffentlichkeit zu verbergen, denn entsprechende Berichte darüber gibt es nicht. Auf seine Regierung dürfte die Erkrankung wohl keinen wesentlichen Einfluss gehabt haben.

Theodore Roosevelt (1858–1919) ragt wie eine erratische Figur aus der Reihe der amerikanischen Präsidenten hervor. Er war im Laufe seines Lebens Soldat, Historiker, Entdecker, Forscher, Autor, Großwildjäger, Gouverneur von New York und dann Präsident der USA. Und er war ein leidender Mann, Asthmatiker, Epileptiker, hatte zudem große Probleme mit seinen Augen und wurde nur 60 Jahre alt.

Roosevelt stammte aus einer Familie der gesellschaftlichen Oberschicht, die niederländische Vorfahren hatte. Der junge Theodor unternahm mit seinem international tätigen Vater viele Reisen nach Europa und in andere Länder und war auch längere Zeit in Deutschland. Dabei lernte er auch einige Sprachen, zu denen auch Deutsch gehörte. Er studierte in Havard und begann 1882 seine politische Karriere. Im Abgeordnetenhaus von New York galt er als Reformer. Seine erste Frau und seine Mutter starben am gleichen Tag im Jahr 1884, woraufhin er sich für einige Zeit auf eine Ranch in North Dakota zurückzog. Doch 1886 kandidierte er bereits für die Position des Bürgermeisters von New York. Nachdem er die wohl gefälschte Wahl verloren hatte, wurde er Chef der New Yorker Polizei, die er radikal umgestaltete.

Anschließend wurde er stellvertretender Marineminister unter Präsident William McKinley und trat für einen Krieg gegen Spanien ein, um dessen verbliebene Kolonien in Amerika zu „befreien". Dabei kommandierte er schließlich mit Erfolg sein eigenes Kavallerieregiment. Als gefeierter Kriegsheld wurde er 1898 zum Gouverneur von New York gewählt. Nun entfaltete er eine soziale Reform- und Modernisierungskampagne und verbesserte die Infrastruktur. Als Präsident McKinley erneut zur Wahl als Präsident antrat, war Roosevelt als Vizepräsident an seiner Seite. Gemeinsam gewannen sie die Wahl.

Roosevelt folgte McKinley schließlich nach, da dieser im September 1901 einem Anschlag zum Opfer gefallen war, und wurde mit 42 Jahren der bisher jüngste Präsident der USA. Er wurde 1904 erneut gewählt, 1908 verzichtete er auf eine weitere Amtszeit. Da er mit seinem Nachfolger Taft unzufrieden war, kandidierte er 1912 für eine neugegründete „Progressive Partei", unterlag jedoch Taft bei der Wahl zum Präsidenten. Roosevelt hatte sich als Präsident sehr für den Naturschutz stark gemacht, Nationalparks gegründet und die Arbeiterschaft sowie Gewerkschaften gestärkt, was ihm viele Gegner einbrachte. Für damalige Verhältnisse war er ein extrem „linker" Präsident, der auch bekanntermaßen Mitglied der Freimaurer war. Außenpolitisch war er sehr expansiv und betrachtete Amerika als eine Art von „Weltpolizei". Er trieb den Bau des Panamakanals voran und vermittelte im Krieg zwischen Russland und Japan, wofür er 1906 den Friedensnobelpreis erhielt. Bei einer Europareise traf er auch Kaiser Franz Joseph und Kaiser Wilhelm II.

Nach seiner Präsidentschaft nahm Roosevelt an einer Expedition nach Afrika teil, wo er auch Elefanten und anderes Großwild erlegte. Bei einer Expedition ins Amazonasbecken 1913/14 wurde seine Gesundheit schwer geschädigt, was wohl auch zu seinem frühen Tod führen sollte. 1914 trat er für einen raschen Eintritt der USA in den Ersten Weltkrieg ein und machte sich für eine bedingungslose Kapitulation der Mittelmächte stark. Im Jahre 1918 galt er wieder als Hoffnungskandidat für das nächste Präsidentschaftsamt, doch war er zu diesem Zeitpunkt gesundheitlich bereits schwer gezeichnet. Dass einer seiner Söhne gegen Ende des Ersten Weltkriegs gefallen war, verstärkte dies noch. Die Epilepsie, die ihn sein Leben lang begleitet hatte, machte dabei noch die geringsten Probleme, schlimmer wogen sein Asthma und die Folgen diverser Verletzungen. Er starb schließlich am 6. Januar 1919.

Die letzten Jahre Wladimir Iljitsch Uljanows, genannt **Lenin** (1870–1924) waren gekennzeichnet von schweren neurologischen Störungen und dem Verlust seiner mentalen Funktionen. In seinen letzten Monaten entwickelte er zudem eine Form von Epilepsie. Diese finale Erkrankung verschlimmerte sich immer mehr und er starb in einem Status epilepticus, der 50 Minuten gedauert hatte. Das war am 21. Januar 1924 und Lenin war gerade einmal 53 Jahre alt geworden.

Als offizielle Todesursache wurden die Folgen eines vierten Schlaganfalls angegeben, den er infolge seiner „übermäßigen geistigen Tätigkeit“ erlitten habe. Dass Schlaganfälle nicht mit „zu großem Denken“ in Verbindung stehen, spielte dabei keine Rolle. Zudem wurden auch Stimmen laut, dass Stalin seinen großen Vorgänger vergiftet hatte, da er dessen weiterer Karriere im Weg gestanden war. Der sorgte indessen dafür, dass um den Leichnam Lenins rasch ein Personenkult einsetzte. Zunächst ließ Stalin das Gehirn des Verstorbenen entnehmen, um es gründlich untersuchen zu lassen. Dann durfte das Volk vier Tage lang an der Leiche vorbeidefilieren, ehe sie einbalsamiert und in einem Mausoleum am Roten Platz aufgebahrt wurde. 1930 wurde der Körper in ein viel prachtvolleres Grabmal umgebettet.

Um Lenins Gehirn so wissenschaftlich wie möglich erforschen zu lassen, ließ Stalin eigens das Moskauer Institut für Hirnforschung gründen, wo es sich übrigens noch heute befindet. Zudem wurde eine Kommission gegründet, die sich nur mit der „Basis des unsterblichen Genies“ beschäftigen sollte. Man zog sogar ausländische Experten hinzu, wie etwa den deutschen Neurologen Oskar Vogt, der das Berliner Kaiser-Wilhelm-Institut für Hirnforschung gegründet hatte. Vogt ließ von dem Gehirn Lenins eine Serie von Hirnschnitten anfertigen, um es auf Dauer für die weitere Forschung zu erhalten. Der deutsche Forscher vertrat die Meinung, dass man aus der architektonischen Struktur des Gehirns die besondere Begabung eines Menschen herauslesen kann. Besonders die Anzahl und Größe der Pyramidenzellen im Bereich der Großhirnrinde waren für ihn dabei von Bedeutung.

Natürlich entsprachen alle Forschungsergebnisse dann dem, was man erwarten konnte. 1927 kam man zu der „Erkenntnis", dass Lenins Gehirnleistung weit über jener „normaler" Menschen stand und die Gehirnstruktur beweist, dass der große Revolutionär ein „Assoziationsathlet" war, da er über eine schnelle Auffassungsgabe verfügt hatte und seine Gedanken einen großen Gehalt aufwiesen. Lenin wurde zudem ein überragender Wirklichkeitssinn attestiert. Diese sehr schmeichelhaften Befunde erklärten zwar nicht, warum der Gründer der Sowjetunion so früh verstorben war, erhoben ihn aber quasi in den kommunistischen Himmel. Jene, welche eher keine Sympathien für den großen Revolutionär hegten, nahmen dann auch an, dass dieser an einer Syphiliserkrankung verstorben war, was ein weniger schmeichelhaftes Bild auf den großen Kommunisten warf. Die Nationalsozialisten kommentierten indessen boshaft, dass Lenins Gehirn so durchlöchert gewesen sei wie Schweizer Käse.

Manche hielten das Ableben des Revolutionärs für die späte Folge eines Schussattentats, das eine gewisse Fanny Kaplan 1918 auf ihn verübt hatte. Danach hatte Lenin etwa vier Jahre lang eine Kugel in seinem Hals, die erst 1922 entfernt werden konnte. Lenin klagte über immer stärkere Kopfschmerzen, was sein Arzt als Bleivergiftung diagnostizierte. Im Jahre 2004 wurden Lenins Überreste neuerlich untersucht. Dabei zeigte sich, dass der Revolutionär an einer chronischen Sklerose der Blutgefäße in seinem Gehirn gelitten hatte. Bereits nach zwei Schlaganfällen im Mai und Dezember 1922 konnte sich Lenin nur noch mit einem Rollstuhl fortbewegen.

2013 verbreiteten Ärzte von der University of California die Theorie, dass der große Revolutionär Opfer einer seltenen Erbkrankheit geworden sei. Bei dieser tritt eine Verkalkung im Bereich der Beine ein. Bei Lenin sei es aber zu einer Mutation gekommen und die Krankheit habe bei ihm auch den Kopf betroffen. Dazu passt, dass die Pathologen, welche seinerzeit das Gehirn entnommen hatten, darüber berichteten, dass die Adern während ihrer Bearbeitung so geklungen hätten, als wären sie aus Stein. Und zu dieser Theorie passt auch, dass Lenins Vater mit 54 Jahren ebenfalls Opfer eines Schlaganfalls geworden war.

Das Tragische am frühen Tod des wichtigen Bolschewiken ist allerdings, dass er gerade zu der Zeit starb, als er seinen Widersacher Stalin entmachten wollte. In einem Brief, den Lenin am 4. Januar 1923 diktierte, heißt es: „Stalin ist zu grob, und dieser Fehler, der in unserer Mitte und im Verkehr zwischen uns Kommunisten erträglich ist, kann in der Funktion des Generalsekretärs nicht geduldet werden. Deshalb schlage ich den Genossen vor, sich zu überlegen, wie man Stalin ablösen könnte." Nur zwei Monate später erlitt Lenin dann seinen dritten Schlaganfall. Wäre er bei besserer Gesundheit gewesen und wäre ihm die Entmachtung Stalins auch gelungen, hätte dies wohl großen Einfluss auf die Geschichte der Sowjetunion und wahrscheinlich auch der Welt gehabt.

Stalin, der wohl längst wusste, was Lenin bezweckte, nutzte nun die Gelegenheit und schickte eine größere Anzahl Ärzte zu Lenin, die sich angeblich um dessen Gesundheit kümmern sollten. Gleichzeitig sollten sie ihn aber wohl auch isolieren und seinen politischen Einfluss verunmöglichen. Der große Machtkampf um die Nachfolge Lenins lief also und Stalin hatte einige gewichtige Verbündete, die gemeinsam mit ihm auch gegen seinen zweiten Erzkonkurrenten Trotzki vorgingen und die endgültige Machtübernahme vorbereiteten. Der schwerkranke Lenin musste gegen Ende seines Lebens erkennen, dass er sich gegen seinen aus Georgien stammenden Widersacher nicht mehr durchsetzen konnte. Für Stalin hingegen bestand keine Veranlassung mehr, Lenins Leben durch einen Mord zu beenden, sein Sieg war bereits so gut wie sicher. Lenin hatte es verabsäumt, früher gegen ihn vorzugehen, und der zweite Widersacher Trotzki hatte ihn zu lange unterschätzt. Das rächte sich nun und einer der größten Massenmörder der Geschichte konnte die Bühne der Weltgeschichte betreten.

Die Vorstellung, dass die Epilepsie und die herausragende Bedeutung historischer Persönlichkeiten in einer engen Verbindung stehen könnten, hat viele Biografen und Ärzte über Jahrhunderte fasziniert. Der Franzose Jean Taxil schrieb bereits im 17. Jahrhundert über die „großartigen Epileptiker" und führte neben Sokrates, Plato, Aristoteles, Bellerophon auch noch andere bedeutende Figuren des griechischen Altertums sowie einige mythologische Helden wie Herakles an.

Man sprach von der „Heiligen Krankheit". Frühe Neurologen waren ebenfalls dieser Ansicht und brachten auch einige Persönlichkeiten des römischen Reichs wie Caligula und Drusus ins Spiel. Es wurde quasi chic, historisch bedeutenden Persönlichkeiten eine Epilepsie zu unterstellen, die dann im Gegensatz zu fast allen anderen Erkrankungen nicht negativ, sondern regelrecht positiv besetzt war. Da sich aber die Berichte über wirkliche oder angebliche epileptische Anfälle vieler Persönlichkeiten der Weltgeschichte in der Praxis oft nur schwer nachweisen lassen, ist hierbei eine gewisse Vorsicht geboten. Und die überwiegende Zahl an bedeutenden Persönlichkeiten litt garantiert nicht an Epilepsie.

KÖRPERLICH BEEINTRÄCHTIGTE HERRSCHER

„Sie können es sich nicht leisten,
sowohl geistig als auch körperlich behindert zu sein.“

Stephen Hawking (1942–2018)
britischer Physiker und Astrophysiker

Der englische König **Richard III.** (1452–1485) hat wahrhaft keine gute Nachrede. Besonders Shakespeare stellte ihn als blutrünstigen Mörder mit einem Buckel dar. Er galt als einer der schlimmsten und ruchlosesten Herrscher aller Zeiten. Richard soll den Thron von England mit einer Reihe schlimmer Verbrechen an sich gerissen und das Blut unschuldiger Kinder vergossen haben. Auch wenn andere angelsächsische Herrscher und ihnen folgend die normannischen Eroberer alles andere als Heilige gewesen waren, so schien sie der „Buckelige“ um einiges übertroffen zu haben.

Im Jahre 2012 kam es völlig überraschend zu einer teilweisen Rehabilitierung des „Thronräubers“. Man fand durch Zufall die sterblichen Überreste Richards III. im Zuge von Ausgrabungsarbeiten unter einem Parkplatz im englischen Leicester. Zum allgemeinen Erstaunen fand man an den Knochen keine Hinweise darauf, dass der „böse“ König einen Buckel besaß. Dabei gibt es doch ein berühmtes Porträt, das ihn mit einem solchen zeigt. Allerdings hat sich auch dieses inzwischen als Fälschung herausgestellt.

Richard III. war der letzte Herrscher aus dem Hause Plantagenet und die neue siegreiche Dynastie hieß Tudor. Der Buckel galt im mittelalterlichen Verständnis als schlimmes Zeichen und so manche buckelige Frau landete auf dem Scheiterhaufen. Somit konnten die Tudor Richard, der unter einer wenig belastenden Verkrümmung der Wirbelsäule litt, als Kreatur des Teufels stigmatisieren und die eigene nicht ganz astreine Machtübernahme legitimieren.

Der „böse Buckelige" hat wohl nicht mehr Leute umgebracht als ein „normaler und durchschnittlicher" König des Mittelalters, aber spätestens Shakespeare sorgte dafür, dass er zu einem klassischen Monster auf dem Thron wurde. Doch abgesehen davon gab es natürlich eine gewisse Anzahl von Menschen mit körperlichen Beeinträchtigungen, die über Königreiche herrschten und höchste Ämter innehatten und denen kein Buckel angedichtet werden musste.

Im Gegensatz zu Richard III. hat Herzog **Albrecht II.** von Österreich (1298–1358), auch „Albrecht der Lahme" oder „Albrecht der Weise" genannt, eine recht gute Nachrede. Er war einer der mächtigsten Fürsten seiner Zeit und herrschte über drei Herzogtümer und verschiedene andere Ländereien. Doch er litt unter einer seltsamen Art von Lähmung, die ihn lange stark beeinträchtigte. Manche Experten vermuten, dass es sich um Polyarthritis handelte, eine Autoimmunkrankheit, welche die Gelenke, verschiedene Organe, Sehnenscheiden und Schleimbeutel befallen kann. Eine Untersuchung seines Skeletts im Jahre 1991 bestätigte, dass die Krankheit bei Albrecht eine starke Knochendestruktion an Hüften, Schultern, Ellenbogen, Knien und den Handgelenken verursacht hatte. Dies war wohl das letzte Stadium der Krankheit, die der Herzog scheinbar mit überraschender Geduld und auch einigem Humor ertrug. Die Anstrengungen der mittelalterlichen Heilkunde brachten ihm dabei wohl wenig Linderung.

Herzog Albrecht II. galt als sehr friedliebender und außergewöhnlich kluger Mann. Man unterstellt ihm heute sogar eine sehr hohe Intelligenz. Da er in jungen Jahren als Bischof von Passau vorgesehen war, verfügte er über eine sehr gute Allgemeinbildung. Auch wenn er auf Reisen aufgrund seiner Beeinträchtigungen in einer Sänfte sitzen musste, so war er dennoch viel unterwegs. Er unterstützte den deutschen Kaiser Ludwig den Bayern, mit dem ihm offensichtlich eine Freundschaft verband, und wurde auch vom Papst und vom französischen König um Vermittlungsarbeit gebeten. Zudem konnte Albrecht durch geschickte Politik das Territorium der Habsburger vergrößern und den Ruhm seines Geschlechts vermehren.

Trotz seiner Behinderung hatte Albrecht II. eine größere Anzahl von Nachkommen, unter denen die späteren Herzöge Rudolf der Stifter und Albrecht mit dem Zopf besonders hervorstechen. Der große Herzog wurde trotz seines Leidens fast 60 Jahre alt und hinterließ seinen Nachfolgern ein Herrschaftsgebiet, über dessen Erhebung zum Königtum bereits nachgedacht wurde.

Seine Erkrankung behinderte ihn zwar in seiner Beweglichkeit, schränkte ihn aber in seiner Funktion als Regent offenbar nicht entscheidend ein.

Es war eine brutale Praxis des Mittelalters, besiegte Herrscher mitunter körperlich zu verstümmeln oder zu blenden. Man denke nur an den glücklosen Langobardenkönig **Ludwig den Blinden** (881–928), der von seinem siegreichen Gegner des Augenlichts beraubt wurde. Es konnte aber auch passieren, dass ein Herrscher durch andere Umstände sein Augenlicht verlor. Der diesbezüglich bekannteste Fall ist wohl jener des Königs **Johann von Böhmen** (1296–1346), der auch als Johann der Blinde bzw. Johann von Luxemburg bekannt ist. Johann war der Sohn von Kaiser Heinrich VII., verbrachte seine Jugend teilweise in Paris und wurde bereits im Alter von 14 Jahren mit dem Königreich Böhmen belehnt. Er musste trotz seines zarten Alters dieses Lehen aber erst erobern, was ihm nur mühsam gelang. Durch den völlig unerwarteten Tod seines Vaters auf dessen Italienzug war der inzwischen 17-Jährige dann endgültig auf sich allein gestellt. Da sich die deutschen Kurfürsten für Ludwig von Bayern als neuen deutschen König entschieden, musste er sich fügen und unterstützte diesen sogar im Kampf gegen den Habsburger Gegenkönig Friedrich den Schönen. Dazu hatte er sich weiterhin mit dem böhmischen Adel auseinanderzusetzen, bei dem Johann auf dauernden Widerstand stieß, und er verstrickte sich zusätzlich in Konflikte mit Polen, auf dessen Thron er ebenfalls Anspruch erhob.

Kulturell war der Luxemburger Frankreich und dessen Hof sehr zugetan, er griff sogar in innerfranzösische Auseinandersetzungen ein und unterstützte König Philipp VI. mit Truppen. Immerhin gelang es Johann aber schließlich, sich mit dem polnischen König Kasimir III. auszusöhnen, mit dem er lange Streitereien um Schlesien ausgefochten hatte. Um dann rasch wieder eine neue Front aufzumachen, denn als der vom Papst exkommunizierte Kaiser Ludwig in Italien glücklos geblieben war, fasste Johann den ungewöhnlichen Plan, selbst in Oberitalien militärisch tätig zu werden. Hier erging es ihm aber so, wie vielen deutschen Herrschern aus dem Norden vor ihm, er verstrickte sich in unübersichtliche Streitigkeiten und Ränkespiele mit sehr geringen Erfolgsaussichten. Immerhin hatte er seinen damals 15-jährigen Sohn, den späteren König Karl IV., an seiner Seite. Karl zeigte trotz seiner Jugend rasch ein sehr eigenständiges Profil. Zudem geriet Johann nun auch in Konflikt mit Ludwig dem Bayern, dem das eigenständige Agieren der Luxemburger in Italien ziemlich missfiel.

König Johann suchte nun wieder einen engeren Zusammenschluss mit dem französischen König und man schloss einen Beistandspakt. Was letztlich aber zum Tod des umtriebigen Luxemburgers führen sollte. Vorerst musste Johann jedenfalls seine Pläne in Oberitalien nach mehreren militärischen Niederlagen aufgeben und sich auch weiterhin mit Kaiser Ludwig dem Bayern auseinandersetzen. Außerdem brach er 1336 zu einem der damals sehr beliebten Kreuzzüge gegen die Litauer auf.

Doch nun ereilte ihn sein Schicksal, denn er erblindete 1337 auf seinem rechten Auge. Er soll an Ophthalmie, einer bekannten Erbkrankheit der Luxemburger, gelitten haben. Da man bereits wusste, dass ein Übergreifen dieser Erkrankung auf das noch gesunde Auge sehr wahrscheinlich war, entschieden sich Johanns Ärzte dazu, das erkrankte vollständig zu entfernen, um dieses Risiko zu verringern. Der Plan schien zunächst aufzugehen, doch 1339 verlor Johann doch noch das linke Auge und wurde von nun an „der Blinde“ genannt.

Inzwischen war der Hundertjährige Krieg ausgebrochen und Johann stellte sich als Verbündeter an die Seite des französischen Königs, während der ihm verhasste Ludwig Partei für England ergriff. Trotz seiner Blindheit konnte der Luxemburger erfolgreich in der Gascogne gegen die Engländer vorgehen, wenngleich ihm seine Abwesenheit in Deutschland neue Probleme einbrachte. Johanns ehrgeiziger Sohn Karl schaffte es schließlich, im Jahre 1346 zum neuen römisch-deutschen König gewählt zu werden. Er wurde einer der bedeutendsten deutschen Herrscher des Mittelalters und beerbte bald seinen Vorgänger Ludwig den Bayern.

Im Jahre 1346 kam es zur Schlacht von Crécy, in deren Verlauf Johanns Sohn Karl das Heer der verbündeten Franzosen verließ. Er soll seinen blinden Vater, der in voller Rüstung über das Schlachtfeld irrte, de facto im Stich gelassen haben. Wie es genau zum Tode Johanns kam und ob dieser zuvor als Blinder versehentlich seine Begleiter erschlug, ist bis heute nicht eindeutig geklärt. Jedenfalls soll anschließend der erst 16-jährige Edward Prince of Wales, genannt „Der Schwarze Prinz“, an Johanns Leichnam herangetreten sein und gesagt haben: „Hier liegt der Fürst der Ritterlichkeit, doch er stirbt nicht.“ Dann soll er das Zimier (Helmkleinod) des Luxemburgers an sich genommen haben, auf dem Johanns Wahlspruch „Ich Dien“ zu lesen war. Dieser findet sich noch heute im Wappen des Prince of Wales.

Der heroisch-groteske Tod des blinden Königs hinterließ beim europäischen Adel großen Eindruck. Trotz seiner Blindheit war Johann seiner Bündnispflicht treu geblieben und war als Verkörperung des Ideals eines europäischen Ritters im Kampf gestorben. Persönlichkeit und Wirken König Johanns wurden später weniger schmeichelhaft interpretiert, in letzter Zeit wird er aber wieder etwas wohlwollender in der Geschichtsschreibung dargestellt. Ob es aber sinnvoll war, als blinder Anführer in eine Schlacht zu reiten, sei dahingestellt.

In einer Chronik wird von einer Begegnung Johanns mit einem anderen, zu dieser Zeit ebenfalls bereits körperlich beeinträchtigten Regenten erzählt, nämlich mit dem oben erwähnten Herzog Albrecht II., der zu dieser Zeit bereits vollkommen bewegungsunfähig war. Beide trafen in einer Kammer aufeinander und wurden letztlich von ihren Gefolgsleuten versehentlich allein zurückgelassen. Aufgrund ihrer Beeinträchtigungen waren sie nicht in der Lage, den Raum selbst zu verlassen. König Johann war nicht imstande, den Ausgang zu ertasten, während Herzog Albrecht den Weg dorthin zwar beschreiben, ihn aufgrund seiner Bewegungsunfähigkeit aber nicht einschlagen konnte. Es blieb den beiden somit nichts anderes übrig, als abzuwarten, bis ihre Gefolgsleute endlich auf ihre Lage aufmerksam wurden. Angeblich nahmen beide die Situation mit Humor auf.

Der Verlust seines Augenlichts hatte auf Johanns politische Entscheidungen wenig Einfluss, jedenfalls aber auf sein Ableben. Mit gesunder Sehkraft hätte er die Schlacht von Crécy mit hoher Wahrscheinlichkeit überlebt und seiner Zeit vermutlich noch an anderer Stelle seinen Stempel aufgedrückt.

Ein anderer Herrscher, der nur ein Auge verlor, war König **Albrecht I.** (1255–1308), der als Sohn des ersten Königs aus dem Hause Habsburg die errungene Herrschaft über das Reich fortsetzen sollte. Als ältester legitimer Sohn von Rudolf I. wurde er zunächst als Reichsverweser über die Herzogtümer Österreich und Steiermark eingesetzt und machte sich in den neuen Territorien rasch unbeliebt, da er seine schwäbische Klientel gegenüber dem alten Adel in den neuen Herzogtümern bevorzugte. Es dauerte nicht lange und der steirische und österreichische Adel revoltierte gegen den neuen Herzog. Albrechts Vater Rudolf I. konnte zu seinen Lebzeiten den Sohn nicht mehr zum Mitkönig und damit designierten Nachfolger erheben und somit wählten die Fürsten schließlich 1292 Adolf von Nassau zum neuen König. Albrecht hatte indessen noch immer viel damit zu tun, den rebellischen Adel in seinen neuen Ländern zu unterwerfen.

1295 wurde auf Albrecht offenbar ein Giftanschlag verübt, obwohl der Herzog alle Speisen zuvor genau untersuchen ließ, da er bereits mit solchen Anschlägen gerechnet hatte. Albrecht brach jedenfalls zusammen und wand sich unter schweren Krämpfen. Seine Ärzte gaben ihm ein Abführmittel, was die Lage aber noch verschlimmerte. Als Albrecht schließlich das Bewusstsein verlor, fürchtete man um sein Leben und hängte ihn mit den Beinen nach oben auf, da man meinte, dass das Gift dadurch besser abfließen könne. Der Herzog hing ziemlich lange kopfüber, was letztlich dazu führte, dass sich der Augendruck zu stark erhöhte und er auf einem Auge erblindete. Albrecht überlebte zwar, aber seine Gesundheit, auch die psychische, blieb fortan angegriffen, manche Quellen bezeichneten ihn als mürrischen, starrsinnigen, etwas dümmlichen und bäurischen Mann, was aber so ganz und gar nicht zu seinen politischen Erfolgen zu passen scheint.

Der glücklose König Adolf von Nassau wurde 1298 abgesetzt. Die Gerüchte, dass er hinter dem Attentat auf Albrecht stand, verstummten nie. Immerhin wurde Albrecht nun doch noch zum deutschen König gewählt, er musste sich aber rasch mit seinem rebellischen Vorgänger auseinandersetzen, der seine Ambitionen auf den Thron nicht aufgegeben hatte. Die Entscheidung fiel in der Schlacht von Göllheim im Jahr 1298, in der Adolf ums Leben kam. Nach seiner Krönung in Aachen belehnte Albrecht sofort seine Söhne mit den Herzogtümern Österreich und Steiermark.

Albrecht regelte rasch die schwelenden Konflikte mit Frankreich und Böhmen und war drauf und dran, das latent zerstrittene Mitteleuropa unter seiner Führung zu einigen. 1307 brachen seine Pläne aber in sich zusammen. Die böhmische Königskrone ging nach dem unvermittelten Tod von Albrechts Sohn Rudolf an Heinrich von Kärnten, in Thüringen und Meißen zog der Habsburger beim Versuch, diese Lehen einzuziehen, gegen die Wettiner den Kürzeren. Immerhin konnte er Zollstreitigkeiten im Westen des Reichs lösen, auch wenn sein Plan, das Kurkolleg kurzerhand aufzulösen, scheiterte. Zudem flammten Unruhen im Südwesten des Reichs auf.

Das Leben des einäugigen Königs sollte 1308 ziemlich dramatisch enden, denn er wurde in der heutigen Schweiz nicht weit von der habsburgischen Stammburg von einem Verwandten ermordet. Der Mörder war Albrechts Neffe Johann von Schwaben, genannt „Parricida“. Dieser lauerte gemeinsam mit einigen Adeligen seinem Onkel auf und brachte ihn um. Über den genauen Tathergang existieren mehrere Versionen. Anscheinend wurde dem König zuerst der Hals durchbohrt, dann durchdrang ein Schwert seinen Körper, ehe ihm der Schädel gespalten wurde. Der Grund für das Attentat bestand ziemlich sicher darin, dass sich Albrecht weigerte, dem Sohn seines Bruders dessen Erbe auszuzahlen. Der Leichnam von Albrecht I. wurde in den Dom von Speyer überführt, wo er neben seinem alten Feind Adolf von Nassau beigesetzt wurde. Der einäugige König mit dem wenig gewinnenden Äußeren war übrigens auch ein Rekordhalter im Hause Habsburg, da er mit seiner Gemahlin Elisabeth von Görz-Tirol insgesamt 21 Kinder zeugte. Von den Kindern starben zehn vor Erreichen der Volljährigkeit, die Überlebenden erhielten aber alle eine ausgezeichnete Bildung und gute Erziehung, worauf der Vater größten Wert legte.

Die Erblindung beeinträchtigte Albrecht wohl eher weniger, inwieweit ihn die langfristigen Auswirkungen des überstandenen Giftmordanschlags zumindest mental beeinflussten, wissen wir nicht, denkbar ist dies aber.

Ob man potentielle Thronfolger im Falle einer körperlichen Beeinträchtigung schon vorab von einem Regierungsantritt ausschloss oder nicht, dürfte auch von den jeweiligen kulturellen Gegebenheiten eines Landes abhängig gewesen sein, es lassen sich diesbezüglich jedenfalls keine allgemeingültigen Regeln erkennen. So haben etwa die alten Griechen auch in der sogenannten klassischen Zeit behinderte oder zu schwache Säuglinge nach der Geburt einfach ausgesetzt, was auch für die herrschenden Schichten galt.

Anders lag der Fall natürlich dann, wenn Herrscher ihre Beeinträchtigungen erst nach dem Regierungsantritt erwarben oder diese erst dann zum Vorschein traten.

Der römische Imperator **Claudius** (10 v. Chr. bis 54 n. Chr.) galt bereits als körperlich beeinträchtigt, ehe man ihm die Kaiserwürde fast aufzwang. Der spätere Ausnahmekaiser soll teilweise gelähmt gewesen sein, unkontrollierte Bewegungen vollführt und gestottert haben. Dennoch knieten die Prätorianer nach der Ermordung Caligulas vor ihm und huldigten ihm als Kaiser. Wahrscheinlich war er eine Verlegenheitslösung, aber Claudius bewährte sich rasch, zeichnete sich durch hohe Intelligenz und großes Geschick aus.

Er war sehr gebildet, betätigte sich als Forscher auf verschiedenen Gebieten und galt als sehr kunstsinnig. Auch soll er sehr großzügig gegenüber seiner Umgebung und auch dem Volk gewesen sein und mitunter auch als Spaßmacher aufgetreten sein, der großes Unterhaltungstalent hatte. Seine Schattenseiten waren ein Hang zu Blutrünstigkeit und Grausamkeiten, den er mit vielen römischen Kaisern teilte. Er fand großes Vergnügen an blutigen Gladiatorenkämpfen und an den oft sehr kunstvoll-pervers inszenierten Hinrichtungen. Claudius schreckte auch nicht davor zurück, Senatoren und sonstige Angehörige der Oberschicht hinrichten zu lassen, was ihm gelinde geschrieben eine schlechte Nachrede einbrachte.

Unter dem Kaiser wurde das Reich deutlich vergrößert – wie z. B. durch die Eroberung Britanniens –, er erließ viele Gesetze und verbesserte Verwaltung und Finanzwesen. Außerdem ließ er vielen Menschen das römische Bürgerrecht zukommen und verbesserte die Infrastruktur. Unter ihm wurde sogar die Tötung eines Sklaven durch seinen Herrn als Mord verfolgt. Bei der Verwaltung des Reiches stützte sich Claudius auch sehr auf Freigelassene, was ihm die permanente Feindschaft des Adels eintrug. Er galt als großer Frauenfreund und war mehrmals verheiratet. Die Ehe mit der als Nymphomanin verschrienen Messalina endete mit deren Hinrichtung. Seine letzte Ehe mit Agrippina der Jüngeren führte dazu, dass er deren Sohn, nunmehr Nero genannt, als den seinen anerkannte. Agrippina arbeitete sehr gezielt auf die Thronfolge ihres Sohnes hin. Über den Tod von Claudius gibt es mehrere Versionen und Mutmaßungen, wobei man zumeist von einer Vergiftung ausgeht. Die Mordversion, nach der Agrippina ihren Mann vergiften ließ, wird von heutigen Historikern stark in Frage gestellt. Jedenfalls wurde der junge Nero der Nachfolger von Claudius und man setzte große Hoffnungen in ihn, die er letztlich nicht erfüllte. Claudius ging trotz seiner körperlichen Leiden und Behinderungen als ein bedeutender Kaiser in die römische Geschichte ein.

Auch der bereits erwähnte **Karl IV.** (1316–1378) soll unter einer mysteriösen Krankheit gelitten haben. Über deren Ursache kursierten mehrere Legenden, wobei eine neuere Untersuchung der Knochen des Herrschers ergab, dass er bei einem Turnierunfall schwere Verletzungen an der Wirbelsäule erlitten hatte. Die Ärzte jener Zeit wendeten alle ihre Kunst auf, Karl überlebte und war nach einem Jahr auch wieder in der Lage, sich halbwegs normal zu bewegen. Doch er blieb auf Dauer körperlich beeinträchtigt.

Interessanterweise versuchte man damals, den Turnierunfall zu vertuschen und streute Gerüchte über einen versuchten Giftmordanschlag. Über die Gründe kann man spekulieren, zudem werfen solche Praktiken auch ein neues Licht auf die vielfach überlieferten Giftmordgeschichten. Handelte es sich dann wirklich immer um selbige oder wollte man damit andere Todesursachen bzw. Erkrankungen aus welchen Gründen auch immer unter den Tisch fallen lassen? Zumal die Medizin vermutlich vielfach gar nicht in der Lage war, Todesursachen eindeutig festzustellen, wenn nicht gerade ein Dolch oder ein Pfeil im Rücken des Verblichenen steckte.

Kaiser Wilhelm II. (1859–1941) aus dem Hause Hohenzollern hatte den deutschen Kaiserthron durch den unerwartet raschen Tod seines Vaters Friedrichs III. im Jahre 1888 geerbt. Das Deutsche Kaiserreich bestand erst seit 1871 und er war dessen dritter Herrscher. Niemand erwartete bei seiner Thronbesteigung, dass er auch der letzte Kaiser dieses Reiches sein würde. Und niemand dachte darüber nach, dass eine körperliche Behinderung vielleicht der Grund dafür sein könnte, warum dieser Herrscher scheitern sollte.

Wilhelm kam 1859 auf die Welt und war der Sohn des damaligen preußischen Kronprinzen Friedrich Wilhelm und dessen Gemahlin Victoria, die eine Tochter der großen Königin Victoria von England war. Man begrüßte seine Geburt mit 101 Salutschüssen, wie es üblich war, und eine sehr große Menschenmenge versammelte sich vor dem Palais des Kronprinzen. Die Thronfolge schien nun gesichert. Doch nur wenige wussten, dass der kleine Wilhelm seine Geburt fast nicht überlebt hätte. Als Steißgeburt hatte er es einer beherzten Hebamme zu verdanken, die ihm mit einem feuchten Handtuch einen starken Klapps gab, dass er überhaupt Lebensgeister von sich gab. Doch etwas war passiert, denn während der chaotischen Geburt wurde sein linker Arm belastet, wodurch dieser von Anfang an verkümmerte und wenig Beweglichkeit aufwies.

Wilhelms Mutter, die ehrgeizige und dominante Engländerin Victoria, war über die offenkundige Behinderung ihres Sohnes entsetzt. Sie hatte große Erwartungen in den Sohn gesetzt, er sollte als Musterprinz zum idealen deutschen Kaiser werden, verbunden mit englischer Liberalität. Doch nun hatte sie einen Halbkrüppel geboren. Victoria neigte zu Perfektionismus und veranlasste nun alles, was damals möglich war, um den linken Arm des kleinen Prinzen zu „normalisieren". Eingezwängt in ein Gestell mit einer „Kopfstreckmaschine" musste Wilhelm eine strenge Art von Dressur über sich ergehen lassen. Und es fehlten auch keine skurrilen Behandlungsversuche, wie etwa das Bad seines gelähmten Arms im Kadaver eines zuvor geschossenen Hasen. Man tat alles, um den körperlichen Zustand des kleinen Wilhelm zu verbessern. Dieser erlebte somit eine sehr unangenehme, ja schlimme Kindheit. Sein Verhältnis zur strikten und in gewisser Weise erbarmungslosen Mutter war und blieb zeitlebens schlecht, und auch mit seinem Vater gab es keine wirklich emotionale Basis. Die einzige Person, die dem jungen Wilhelm Zuneigung schenken konnte, war seine Großmutter, Königin Victoria von England.

Wilhelms Mutter Victoria lehnte ihren Sohn letztlich ab, sie konnte seine Behinderung einfach nicht ertragen. Wilhelms Vater, der an sich für seine Zeit sehr liberal orientierte Kronprinz Friedrich Wilhelm, fand keinen wirklichen Zugang zu seinem Sohn und behandelte ihn sehr distanziert. Er empfand den jungen Wilhelm als „gefühllos" und „herzenskalt", ohne sich wohl Gedanken über die unglücklichen Lebensumstände seines Sohnes zu machen.

Um die Erziehung des jungen Wilhelm kümmerten sich die Eltern also wenig. Als wichtigster Erzieher wirkte jahrelang ein Kalvinist namens Georg Hinzpeter, der aber ebenfalls wenig Sympathien für seinen Schützling hegte. Er fand, dass Wilhelm „nichts könne" außer „repräsentieren" und kam zu dem vernichtenden Urteil: „Er hätte Maschinenschlosser werden sollen." Hinzpeter hatte aber auch selbst keine gute Nachrede. Es war zwar das erste Mal, dass ein preußischer Prinz keinen militärischen Erzieher hatte, aber Hinzpeter war äußerst streng und intolerant, was seinen Schützling betraf. Das verstärkte sicherlich die unglückliche Kindheit Wilhelms, was auch Zeitgenossen bestätigten.

Natürlich musste der Prinz auch eine militärische Laufbahn durchlaufen, erhielt aber oft Urlaub, um sein Studium der Rechts- und Staatswissenschaften vorantreiben zu können. Es war bereits absehbar, dass sein greiser Großvater Wilhelm I. bald „in den Soldatenhimmel aufsteigen" würde. Außerdem ließ es sich auch nicht mehr verheimlichen, dass sein Vater unheilbar an Kehlkopfkrebs litt.

Nachdem im „Dreikaiserjahr" 1888 zuerst sein Großvater Wilhelm I. und dann nach nur drei Monaten sein Vater, der beim Antritt seiner „Herrschaft" bereits todkrank gewesen war, starben, wurde Wilhelm dann doch mit 29 Jahren rascher als erwartet Kaiser des von Bismarck geschaffenen Reiches, das eher eine Art von Fürstenbund war. Der junge Kaiser war wenig auf seine Rolle vorbereitet und wirkte auf viele Beobachter unsicher. Das versuchte er damit zu kompensieren, dass er möglichst schneidig auftrat. Er hatte hunderte verschiedene Uniformen, die er ständig wechselte. Und er versuchte alles, um seinen verkrüppelten Arm zu verstecken. Gleichzeitig verkündete er dem Volk, dass er es zu „Großem" und zu „herrlichen Tagen" führen werde.

Wilhelms erster großer Konflikt war jener mit dem Reichskanzler Otto von Bismarck, dem eigentlichen Schöpfer des zweiten deutschen Kaiserreiches. Bismarck hatte durch eine riskante Außenpolitik und dem bewussten Herbeiführen von militärischen Konflikten einen Staat geschaffen, der als verspätete Nation nun eine Großmacht geworden war, die nur hinter der größten Kolonie- und Seemacht England zurückstand. Doch Bismarck wollte nach dem Erreichen dieses Ziels keine weiteren Konflikte mehr provozieren und fand sich nun auf seine alten Tage in Konfrontation zum neuen jungen Kaiser, der das Reich ganz offensichtlich zur wichtigsten Weltmacht weiterentwickeln wollte.

Nachdem er Bismarck aus seinem Amt gedrängt hatte, setzte Wilhelm II. auf eine aggressivere Außenpolitik, auf die Aufrüstung der Flotte, die für ihn Weltgeltung bedeutete, und schaffte es innerhalb weniger Jahre, viele andere Mächte gegen sich aufzubringen. Von Bismarck übernahm Wilhelm die enge Bindung an Österreich-Ungarn, das vom einstigen Feind zum wichtigsten Verbündeten geworden war. Das bedeutete auch, dass man sich an der habsburgischen Politik der Expansion am Balkan und einer wenig freundschaftlichen Beziehung zu Russland beteiligte.

Frankreich wollte noch immer Revanche für die dramatische Niederlage von 1870/71 und England wurde durch das deutsche Flottenprogramm immer mehr gereizt. Eine Wettrüsten setzte ein.

Wilhelm II. wusste, dass sein verkrüppelter Arm beim Hochadel als unschicklich galt, manche Vertreter dieser elitären Gruppe ließen ihn diese „Entehrung" auch indirekt spüren. Deswegen kam der junge Kaiser auch mit seiner eigenen Schicht oft wenig klar und umgab sich mit Personen, die vom Hochadel als anstößig angesehen wurden. Wilhelm setzte sich auch überraschend stark für die Arbeiterschaft und die Verbesserung des Sozialwesens ein, was ihm beim Hochadel weitere Sympathiepunkte kostete. Für diese Kreise war es letztlich ein Erfolg, als Wilhelm durch die skandalöse Eulenburg-Affäre seines engsten Freundeskreises beraubt wurde.

Wilhelm wurde auch oft mit seinem Großvater Wilhelm I. verglichen und fast alle waren sich darin einig, dass dieser den aktuellen Kaiser weit überragte. Wilhelm II. war kein diplomatischer Typ und tappte gerne von einem Fettnäpfchen ins andere. Seine Vorstellungen eines von Gott gegebenen Königtums schienen dem Mittelalter viel näher zu sein als dem beginnenden 20. Jahrhundert. Auch wurde sein Faible für prächtige Uniformen kritisiert. Sogar seine Mutter empfand die Leidenschaft für operettenhafte Auftritte und Militärparaden als peinlich und spottete darüber. Wilhelm zog sich bis zu sechsmal am Tag um und stellte immer neue fantastische Uniformen zur Schau. Mutter und Sohn hatten unter anderem auch deswegen immer wieder Streit und es kam zu einem regelrechten Bruch zwischen den beiden. Er verzieh ihr erst kurz vor ihrem Tod.

Überhaupt legten einige Biografen großen Wert auf Wilhelms Verhältnis zu seiner englischen Mutter, die wohl genauso unter seiner Behinderung litt wie er selbst. Er war niemals der perfekte Wunschsohn, den sie sich erhofft hatte. Man berichtete auch, dass sich nach der Entfremdung zur Mutter auch der Charakter Wilhelms änderte. Er soll jede Feinfühligkeit und Weichheit abgelegt haben und arrogant und sprunghaft geworden sein. Außerdem begann er Großbritannien trotz oder vielleicht auch wegen der Herkunft seiner Mutter regelrecht zu hassen. So gab er auch den behandelnden englischen Ärzten die Schuld am Tod seines Vaters. Außerdem warf er den englischen Ärzten auch vor, bei seiner Geburt versagt und so an der Missbildung seines Arms Schuld zu haben. Realiter war die Krebserkrankung seines Vaters ein zu jener Zeit so gut wie sicheres Todesurteil gewesen und die Ärzte konnten auch nichts für die Steißlage des Säuglings, wodurch wahrscheinlich das Armgeflecht des Kindes unter dem Schlüsselbein abriss. Aber der verkrüppelte Arm verfolgte den Kaiser als lebenslanges Trauma und jemand musste einfach daran schuld sein. Inwieweit das auch Grund für seine vielen politischen Fehltritte und letzten Endes seines Versagens war, muss aber dahingestellt bleiben.

„Majestät brauchen Sonne", war eine Formulierung seiner Zeit. Wilhelm wollte schönes Wetter und die Menschen beeindrucken, wo immer er auch auftrat. Das mit dem „Kaiserwetter" klappte oft überraschend gut. Als Wilhelm erkannte, dass seine Sozialreformen auf viel Widerstand stießen und gar nicht so gut ankamen wie erhofft, änderte er sein Verhalten. Er begann immer mehr, seiner Regierung hineinzureden und die Reichskanzler zu schwächen. Wilhelms neues Steckenpferd wurde die Kriegsflotte, mit der er dem verhassten Großbritannien Konkurrenz machen wollte. Die Briten galten als absolute Beherrscher der Meere und waren über die deutsche Aufrüstung natürlich „not amused". Wilhelm konnte sein Ziel, den Engländern zur See wirklich gewachsen zu sein, aber niemals erreichen, dafür verschlang sein Flottenprogramm viele Milliarden Reichsmark für den Bau stählerner Kolosse, die letztlich nie kriegsentscheidend wurden und heute an mehreren Stellen der Welt auf dem Meeresgrund liegen.

Wilhelm produzierte einen diplomatischen Eklat nach dem anderen, sei es bei der „Krügerdepesche", die seine Großmutter Queen Victoria gegen ihn aufbrachte, oder bei der „Hunnenrede", als er das deutsche Korps verabschiedete, das in den chinesischen Boxeraufstand im Jahr 1900 eingreifen sollte. Die vielen problematischen Äußerungen des Kaisers sorgten letztlich dafür, dass das sehr austarierte Bündniskonzept Bismarcks, der dadurch Allianzen gegen Deutschland vermeiden wollte, auseinanderbrach und sich so gut wie alle europäischen Mächte gegen das deutsche Kaiserreich zusammenschlossen.

Auch nach der Ermordung des österreichischen Thronfolgers im Jahr 1914 agierte Wilhelm wie gewohnt ungeschickt, mit seiner Blankovollmacht für Österreich riskierte er einen großen Krieg, der sich bekanntlich dann auch einstellte. Da half auch ein letzter hektischer Briefwechsel mit seinem „lieben Nicki" – dem russischen Zaren – nichts mehr. Das europäische Bündnissystem schrieb den großen Krieg geradezu vor, und Wilhelms Anteil daran war fatal.

Für die militärische Führung erwies sich der Kaiser als völlig ungeeignet, als Hindenburg und Ludendorff 1916 die Oberste Heeresleitung übernahmen, war Wilhelm faktisch von allen Entscheidungen ausgeschlossen. Man gab ihm dennoch die Schuld an allerlei Katastrophen, während er selbst immer hilfloser agierte. Als schließlich im Herbst 1918 auch Hindenburg und Ludendorff erkannten, dass der Krieg verloren war, und sie Friedensfühler ausstreckten, wurde besonders von den Amerikanern die Abdankung Kaiser Wilhelms gefordert. Der Kaiser floh schließlich in die Niederlande und ersuchte um Asyl, auch dem Drängen zu seiner Abdankung gab er schließlich nach. Damit wurde die Herrschaft der Hohenzollerndynastie nach nur wenigen Jahrzehnten beendet.

Im Exil war Wilhelm weitgehend zur Tatenlosigkeit verurteilt. Filme zeigen ihn beim Holzhacken, das er ziemlich exzessiv betrieb. Die körperliche Arbeit, die er trotz seines verkrüppelten Armes leistete, war vielleicht auch der Grund, warum er bei guter Gesundheit relativ alt wurde. Seine erste Frau Auguste Viktoria, mit der er immerhin sechs Söhne und eine Tochter hatte, starb bereits 1921 im Exil, das sie noch mehr als Wilhelm hasste. Sie hatte ihm in 40 Ehejahren immer großen Rückhalt gegeben und ihn regelrecht bewundert. Zum großen Erstaunen der Öffentlichkeit heiratete der exilierte Kaiser bereits 1922 seine zweite Frau Hermine, die von der Persönlichkeit her seiner ersten Gemahlin relativ unähnlich war. Sie verfügte über einen viel größeren eigenen Willen, war politisch und sozial engagiert und ihr Verhältnis zu Wilhelm war phasenweise sehr kritisch und unharmonisch. Hermine war von Hitler und vom Nationalsozialismus begeistert, während der alte Kaiser dieser Bewegung viel kritischer gegenüberstand. Hermine hegte die vergebliche Hoffnung, dass Hitler die Monarchie erneuern würde, was auf einer völligen Fehleinschätzung beruhte.

Wilhelm II. starb 1941 in seiner niederländischen Residenz Doorn, er wurde 82 Jahre alt. Man hat später viel in seine Persönlichkeit hineininterpretiert. Auch psychische Krankheiten wurden vermutet, wie „manisch-depressives Irresein“ und „Neurasthenie“ bzw. Depressionen. Dabei plusterte er sich nur zeitlebens auf wie ein scheinbar stolzer Pfau und stützte seinen verkrüppelten linken Arm so ab, dass man ihn möglichst wenig wahrnahm. Das war seine eigentliche Krankheit. Aber die hatte gereicht, eine ganze Welt in den Abgrund zu ziehen. Über die Frage, wie groß sein Anteil und jener Deutschlands am Ausbruch des Ersten Weltkriegs war, streiten Historiker/-innen bis heute. Gänzlich freisprechen von einer Verantwortung kann man Wilhelm aber sicher nicht, und seine körperliche Beeinträchtigung hatte sicher auch mit seinen wenig durchdachten Entscheidungen zu tun. Zumindest indirekt.

DIE POCKEN DEZIMIEREN DIE FÜRSTENHÄUSER

„Unter jedem Grabstein liegt eine Weltgeschichte."

Heinrich Heine (1797–1856)
deutscher Schriftsteller und Journalist

Am Anfang war es wie bei vielen Krankheiten eine Tröpfcheninfektion. Nach 12 bis 14 Tagen kam es zu den ersten Symptomen: Schüttelfrost und Fieber. Nach einigen Tagen erschienen erste kleine Flecken, die sich zu Eiterbläschen entwickelten. Bei schweren Fällen der Pocken kam es zu Taubheit, Blindheit oder Lähmungen. Der Körper der meisten Opfer wurde entstellt. Etwa ein Drittel aller Erkrankten starb an ihnen.

Prominente Überlebende der schrecklichen Krankheit waren neben Maria Theresia und ihrem Erbfeind Friedrich II. von Preußen berühmte Komponisten und Schriftsteller wie Wolfgang Amadeus Mozart, Joseph Haydn, Friedrich Schiller und Johann Wolfgang von Goethe. Maria Theresia hat laut Erzählungen lange Zeit die Spiegel in ihren Räumen verhängen lassen, um ihre entstellte Haut nicht sehen zu müssen.

Die Pocken sind offensichtlich eine sehr alte Krankheit, die bereits vor 12.000 Jahren auftrat. Sie verbreiteten sich wohl schon in den ersten von Menschen errichteten Siedlungen. Das Alte Testament berichtet über sie, auch die „sechste ägyptische Plage" sollen die Pocken gewesen sein. Bei den alten Ägyptern war sie ebenfalls bestens bekannt, selbst die Mumie des Pharaos **Ramses V.** (gest. 1142 v. Chr.) scheint Pockennarben aufzuweisen. Auch bei anderen Mumien konnten derartige Spuren nachgewiesen werden. Die klassischen Griechen litten daran und für China sind sie ab etwa 250 v. Chr. dokumentiert. Man vermutet, dass die „Antoninische Pest" ab 165 n. Chr., welche die Bevölkerung des römischen Reiches dezimierte, auch eine Pockenepidemie war.

Die Araber und ihre Erzfeinde, die Kreuzritter, mussten sich mit den Pocken herumschlagen. Auch im Norden Europas, wie bei den Wikingern in Skandinavien, in Russland und England kam es zu Pockenausbrüchen. Den größten Einfluss auf die Menschheitsgeschichte erreichten die Pocken nach dem Eindringen der Europäer in Amerika. Hier kam es zu apokalyptischen Epidemien unter der indigenen Bevölkerung, die zahllosen Menschen das Leben kosteten. Die Schätzungen zu den Bevölkerungsverlusten unter den amerikanischen Ureinwohnern gehen weit auseinander und variieren zwischen 25 und 90 Prozent. Man wird aus heutiger Sicht eher dazu neigen, sich dem höchsten Prozentsatz anzunähern, wenn man sich beispielsweise die Bevölkerungsverluste nach Ankunft der Europäer in Mexiko ansieht. Die Europäer hatten zwar stets auch Opfer zu beklagen, doch waren diese im Verhältnis zur indigenen Bevölkerung vergleichsweise niedrig, da ihr Immunsystem diesbezüglich besser „trainiert" war. Inwieweit die Krankheit von den weißen Eroberern bewusst als Waffe gegen die Urbevölkerung eingesetzt wurde, ist bis heute umstritten.

Doch welchen Einfluss hatten die Pocken auf die europäische Geschichte? Dazu muss man wissen, dass die Seuche ziemlich „demokratisch" war und vor keinem gesellschaftlichen Stand haltmachte. Die Pocken waren somit auch eine der Haupttodesursachen im herrschaftlich-dynastischen Bereich, wobei besonders der Nachwuchs dezimiert wurde.

„Kaiserin" **Maria Theresia** (1717–1780) erkrankte wie bereits erwähnt an den Pocken, überlebte die Krankheit aber. Allerdings verlor sie drei ihrer Kinder an die Pocken, die damals auch „Blattern" genannt wurden: Maria Josepha, Johanna Gabriela und Karl Joseph. Zudem fielen die erste und zweite Frau von Kaiser Joseph II., **Isabella von Parma** und Maria **Josepha von Bayern**, der Krankheit zum Opfer. Eine weitere Tochter Maria Theresias, **Maria Elisabeth**, überlebte zwar, blieb aber durch schlimme Narben in ihrem Gesicht schwer entstellt. Maria Theresia selbst überlebte die Pocken im Jahr 1767.

Ein besonders schwerer Schlag für die überragende Habsburgerin war der Tod ihres Lieblingssohnes **Karl Joseph** (1745–1761), der ganz nach dem Geschmack seiner Mutter war. Im Gegensatz zum weitaus weniger geliebten Erstgeborenen (dem späteren Kaiser Joseph II.) galt er als liebenswürdig, charmant und intelligent und schien seinen älteren Bruder weit in den Schatten zu stellen. Doch Karl Joseph starb mit knapp 16 Jahren bei einer der vielen Pockenepidemien und Maria Theresia litt sehr lange darunter.

Man kann darüber spekulieren, ob Österreichs Weg nach dem Ableben von Maria Theresia ein etwas anderer geworden wäre, wenn statt Karl Joseph dessen Bruder Joseph II. an den Pocken verstorben wäre.

Natürlich blieben auch andere Dynastien nicht von den Pocken verschont. So erkrankte der französische „Mätressenkönig" **Ludwig XV.** (1710–1774) im April 1774 im Alter von 64 Jahren an den Pocken und erlag der Krankheit nach zwölf Tagen. Er hinterließ seinem Erben, dem wenig befähigten Ludwig XVI., einen stark verschuldeten Staat mit vielen Problemen, was schlussendlich zur Französischen Revolution führen sollte. Als man Ludwig XV. in der Grablege der Könige Frankreichs in Saint-Denis beisetzte, verzichteten der Klerus und der Hofstaat auf die üblichen zeremoniellen und traditionellen Trauerfeierlichkeiten, weil man Angst vor einer Ansteckung mit den Pocken hatte.

Ob es die Revolution nicht gegeben hätte, wenn Ludwig XV. noch einige Jahre gelebt hätte? Angesichts der prekären wirtschaftlichen Situation des Landes erscheint das wenig wahrscheinlich, allenfalls hätten sich die Ereignisse etwas früher oder später abgespielt als 1789. Was dann aber vielleicht Auswirkungen auf die Karriere eines gewissen Napoleon gehabt haben könnte …

Auch der berühmte römische Kaiser **Mark Aurel** (121–180) war wahrscheinlich ein Opfer der Pocken, wenn man die „Antoninische Pest" als Pockenepidemie betrachtet. Der Philosophenkaiser, der die längste Zeit gezwungen war, Kriege zu führen, erkrankte während des Markomannenfeldzugs im Jahr 180 wahrscheinlich in Wien (was nicht ganz unumstritten ist). Nachdem der alternde Kaiser fühlte, dass er seine Erkrankung wohl nicht überleben würde, ließ er seinen Sohn Commodus zu sich rufen und forderte ihn auf, den Feldzug weiter bis zu einem siegreichen Ende zu führen. Angeblich wirkte Commodus sehr ängstlich und verließ seinen Vater rasch wieder, um sich nicht anzustecken. Mark Aurel soll nun in Erwartung eines sicheren Todes und um sein Sterben abzukürzen den Entschluss gefasst haben, nichts mehr zu essen und zu trinken. Er starb nach kurzer Zeit. Noch kurz vor seinem Ende soll er seiner klagenden Umgebung gesagt haben: „Was weint ihr um mich? Weint um die Pest [früher glaubte man, dass es sich um sie handelte; Anm. d. Verf.] und das Sterbenmüssen aller!“ Es sollte sich herausstellen, dass Commodus ein ziemlich unfähiger und brutaler Nachfolger seines großen Vaters wurde. Ob sich daran etwas geändert hätte, wenn Mark Aurel nicht den Pocken zum Opfer gefallen wäre? Wohl nur dann, wenn Commodus aus welchen Gründen auch immer nicht kaiserlicher Nachfolger geworden wäre.

Kaiser Otto III. (980–1002) hätte vielleicht das Zeug dazu gehabt, einer der ganz großen Kaiser des Mittelalters zu werden. Doch das Schicksal wollte es anders und er wurde nur 22 Jahre alt. Lange Zeit wurde vermutet, er wäre vergiftet worden, was sicher auch nicht ganz auszuschließen ist. Aber viele Historiker/Historikerinnen und Fachleute sehen ihn als prominentes Pockenopfer.

Ottos Vater, Otto II., erlitt 982 eine vernichtende Niederlage gegen die Sarazenen im Süden Italiens und konnte ihnen nur knapp lebend entkommen. Die Fürsten drängten ihn nach dieser Katastrophe dazu, seinen Sohn zum König und somit Nachfolger wählen zu lassen, obwohl dieser erst drei Jahre alt war. Es kam 983 zum Hoftag in Verona, an dem der kleine Otto zum deutschen König gewählt wurde. Er war der einzige deutsche König, der jemals in Italien gewählt wurde, was vielleicht ein Grund für seine spätere Vorliebe für dieses Land war. Danach schickte man das Kind wieder über die Alpen, um in Aachen feierlich zum König geweiht zu werden.

Doch als Otto III. zu Weihnachten 893 gekrönt wurde, war sein Vater im Alter von 28 Jahren bereits tot. Die Todesnachricht bereitete den Krönungsfeierlichkeiten ein jähes Ende. Sofort versuchten einige Adelige die Situation auszunutzen. Besonders Heinrich der Zänker, ehemals Herzog von Bayern, hatte mit den Ottonen noch eine Rechnung zu begleichen und strebte auch selbst nach der Königswürde. Doch obwohl der Zänker viele bedeutende Verbündete hatte, stieß er auf massiven Widerstand. Besonders der fränkische Adel und die Bischöfe standen zu Otto. Letztlich gab der Zänker das Kind, das er schon quasi als Geisel genommen hatte, wieder heraus. Von nun an übte Ottos Mutter, die byzantinische Prinzessin Theophanu, die Regierung aus und es gab einige recht friedliche Jahre. Auf die Erziehung Ottos III. wurde großer Wert gelegt und er wurde schließlich ein überraschend gebildeter junger König.

991/92 musste der kindliche Otto schon Kriegszüge gegen die Slawenfürsten im Osten unternehmen, wobei er sowohl Siege feierte als auch Niederlagen erlitt. Seine Mutter unternahm 989 einen Zug nach Italien, um für die Seele ihres Gatten zu beten, griff aber auch in die dortige Politik ein und stellte Urkunden in männlicher Form als „Imperator" aus. Sie starb schließlich im Jahre 991, was den elfjährigen Otto schwer traf. Die Regentschaft übernahm einstweilen seine Großmutter Adelheid.

Es ist nicht ganz klar, ab wann Otto vollkommen selbständig regierte, aber wahrscheinlich war es ab September 994. Er führte von nun an immer wieder Kriegszüge gegen die Slawen im Osten, hielt Reichstage ab und betrieb eine offensive Personalpolitik. Mit 15 Jahren beschloss er, sich zu verheiraten. Er wollte eine Frau, die seiner Mutter ähnlich war, und schickte Brautwerber nach Byzanz. Die erhoffte Prinzessin von dort sollte aber bis zu seinem frühen Tod nicht eintreffen. Vorerst unternahm er einen Italienzug, da ihn der Papst um Hilfe gerufen hatte.

Otto III. war ein jugendlicher Phantast, der eine Italienbesessenheit entwickelte und dabei Hoffnungen, Scheitern und Tod so vieler anderer Herrscher aus dem Norden vorwegnahm, die ihm folgen sollten. Er wollte angeblich das römische Reich erneuern und ein Großreich schaffen, das ganz Europa umspannte. Er zog innerhalb weniger Jahre mehrmals nach Italien, scheute vor extremen Brutalitäten nicht zurück und setzte seinen eigenen Kaplan in Rom als Papst ein. Kaum hatte Otto III. die Stadt wieder verlassen, wurde der von ihm eingesetzte Papst aber auch schon gestürzt und ein aufsässiger „Konsul" ließ seinen eigenen Papst wählen. Otto kehrte zurück, setzte diesen Papst ab und ließ ihm die Augen ausstechen, Zunge und Nase abschneiden und ihn auf einem Esel herumführen. Außerdem ließ er eine große Zahl seiner Gegner hinrichten. Der von ihm ernannte Papst Gregor hielt sich dennoch nicht lange und wurde bald darauf vergiftet, worauf Otto einen weiteren Papst seiner Wahl einsetzte, der immerhin fast vier Jahre überlebte. Für den jungen und grausamen Phantasten Otto, der angeblich auch das Grab seines Vorbilds Karl dem Großen geöffnet hatte, verblieb aber nicht mehr viel Zeit, denn er starb bereits mit 22 Jahren in Italien, wahrscheinlich an den Pocken.

Wenn da nicht die vielen Geschichten wären, die von einem Giftmord handelten. Angeblich soll Otto die Witwe eines Römers, den er töten ließ, zu seiner Mätresse gemacht haben, und diese habe ihm dann das Gift verabreicht. Wie auch immer, der Junge mit den großen Plänen war tot und wir wissen nicht genau, welche Entwicklung die hochmittelalterliche Geschichte genommen hätte, wenn Otto III. noch Jahre oder Jahrzehnte gelebt hätte. Hätte er sein Großreich erschaffen können? Oder wären seine Pläne wie bei vielen anderen Kaisern rasch zu Staub zerfallen, weil sie völlig unrealistisch waren?

Ob die „blutige" Mary I. von England (1516–1558) an den Pocken oder der Grippe starb, ist umstritten. Die ohnehin auch selbst umstrittene Herrscherin, die ihr Land in ein religiöses Chaos stürzte und wohl viele Andersgläubige auf dem Gewissen hatte, war bereits gesundheitlich vorbelastet und einige der Symptome ihrer Krankheit scheinen auf die Pocken zu deuten. War ihr Tod ein Segen für das Land, weil unter ihrer Nachfolgerin Elizabeth I. die religiösen Auseinandersetzungen endeten?

Besonders tragisch verlief das kurze Leben des russischen Zaren Peter II. (1715–1730). Er war der Enkel Peters des Großen, sein Vater der „unglückliche" Kronprinz Alexei, der nach einem Aufstand gegen den eigenen Vater wohl an der Folter verstarb. Da auch seine Mutter früh verstarb, war der kleine Peter schon mit drei Jahren ein Waisenkind. Er wurde weitgehend von seiner Großmutter erzogen und „bestieg" 1727 mit elf Jahren den Thron. Es war wenig überraschend, dass der kleine Zar sofort zum politischen Spielball wurde. Nach kurzem Machtkampf bekam Fürst Alexander Menschikow die volle Kontrolle über den Knaben. Dem Fürsten ging es jedoch nur um die eigene Macht und er wollte diese festigen, indem er Peter II. dazu bringen wollte, seine Tochter zu heiraten. Allerdings wetteiferten weiterhin auch andere einflussreiche Fürsten um die Gunst des Zaren, besonders die Familie Dolgoruki setzte alles in Bewegung, um Menschikow zu entmachten. Dies gelang auch, und Fürst Alexander wurde schließlich mit seiner Familie in die Provinz verbannt. Doch der Machtkampf ging weiter, da sich weitere Fürstenhäuser einschalteten. Der junge Zar verlegte schließlich auf Drängen der Dolgorukis seine Residenz von St. Petersburg nach Moskau, wo er letztlich auch im März 1728 offiziell gekrönt wurde. Man fand nun auch eine neue Braut für ihn, mit der er sich 1729 verlobte. Der Hof hatte es eilig mit einer Heirat, die bereits am 2. Februar 1730 über die Bühne gehen sollte. Doch das Schicksal wollte es anders, denn als der erst 15-jährige Zar Ende Januar von der Jagd zurückkehrte, machte er einen geschwächten Eindruck. Wie sich herausstellte, war er an den Pocken erkrankt und starb an ihnen bereits am 29. Januar 1730. Peter II. hatte kurze Zeit den Thron besessen, aber nie wirklich geherrscht. Mit ihm erlosch auch die männliche Linie der Romanows und es folgten Jahre des Niedergangs, bis Elisabeth I. zur Zarin gekrönt wurde. Hätte sich das Zarenreich unter einem länger regierenden Peter II. stabilisieren und damit weiterhin Einfluss auch auf seine westlichen Nachbarn nehmen können?

Was zwei berühmte Überlebende der Pocken betrifft – **Josef Stalin** und Königin **Elisabeth I.** von England –, so bleibt es unserer Fantasie überlassen, uns vorzustellen, wie anders wohl die Geschichte Europas und vielleicht auch der Welt verlaufen wäre, wenn diese beiden der Seuche zum Opfer gefallen wären.

DIE GICHT – EINE KRANKHEIT MACHT GESCHICHTE

„Lieb, Feuer, Husten, Krätze, Gicht lassen sich verbergen nicht."

unbekannter Verfasser

Die Gicht begegnet uns schon in der Bibel, denn angeblich soll bereits Christus Gichtkranke geheilt haben. Auch im Alten Testament ist von einem gichtkranken König namens **Asa** (reg. 913–873 v. Chr.) die Rede, der nach zwei Jahren an seiner Krankheit verstarb. Und selbst bei ägyptischen Mumien lassen sich Anzeichen von Gichterkrankungen nachweisen. Lange Zeit nannte man die Gicht auch „die Krankheit der Reichen", weil sich über große Zeiträume der Geschichte nur die finanziell Bessergestellten genug Fleisch auf ihren Tellern leisten konnten. Doch das ist sicher nicht die alleinige Ursache, wie die Geschichten einiger Familien zeigen werden.

Die deutsche Bezeichnung „Gicht" wurzelt im althochdeutschen „Gegihte", was „Gliederlähmung" bedeutet. Früher nannte man die Krankheit auch „Podagra", was eigentlich ein Symptom beschrieb: den Gichtbefall des Großzehengrundgelenks. Im Griechischen bedeutet das „Fußfessel". Der typische Gichtanfall tritt zum ersten Mal meistens bei Männern zwischen 25 und 40 Jahren auf.

Ehe wir uns der klassischen „Gichtfamilie“ – den Hohenzollern – zuwenden, seien einige weitere Herrscher, Feldherren und Politiker erwähnt, die ebenfalls an der Gicht litten und ihr teilweise auch zum Opfer fielen. Der habsburgische Kaiser **Karl V.** (1500–1558) gilt vielen als der vielleicht bedeutendste Vertreter seiner Dynastie. Während in seinem Reich „die Sonne nie unterging“, litt er allerdings an den schlimmsten körperlichen Schmerzen. Nachdem er, schwer an der Gicht und einigen anderen Krankheiten leidend, im Jahre 1556 abgedankt hatte, verbrachte der Kaiser die letzten Jahre seines Lebens im Kloster San Jerónimo de Yuste bei Cáceres in einem an die Kirche angebauten Gebäude, das extra für ihn errichtet worden war.

Von seinem Gemach aus konnte er direkt in den Altarraum der Kirche sehen. Somit war der sehr religiöse Habsburger seinem Gott immer nahe. Dieser befreite ihn aber nicht von den Schmerzen der Gicht. Karl wurde immer bewegungsunfähiger, aber er konnte die für sein Seelenheil so wichtigen Messen nun im Bett liegend verfolgen. Ansonsten widmete der kaiserliche Pensionist sich seiner Uhrensammlung, was er immer schon gerne gemacht hatte. Natürlich durften viele Gespräche mit dem Beichtvater nicht fehlen.

Karl V. führte in seiner Altersresidenz ein recht langweiliges Leben, das fast immer nach dem gleichen Muster ablief. Die Gicht sorgte dafür, dass er immer mehr Zeit in seinem Bett verbrachte. Interessanterweise sollte der abgedankte Kaiser aber schließlich an einer völlig anderen Krankheit versterben. Karl V. starb am 21. September 1558 an der Malaria tropica, die in der Gegend rund um das Kloster endemisch war, was im Jahr 2007 durch Untersuchungen eines mumifizierten Fingergliedes des Habsburgers ohne Zweifel bewiesen werden konnte.

Karl V. hatte vieles erreicht, war aber auch an vielem gescheitert. Ob dies anders abgelaufen wäre, wenn er nicht an der Gicht gelitten hätte, ist spekulativ, denn die Herausforderungen während seiner Regentschaft waren derart vielfältig, dass ein grundlegend anderer Handlungsverlauf wenig wahrscheinlich erscheint.

Ein weiterer bekannter Gichtpatient war König **Heinrich VIII.** (1491–1547), der auch für seine Unersättlichkeit auf vielen Gebieten bekannt war. Das betraf nicht nur Frauen, von denen er einige hinrichten ließ, sondern auch das Essen und Trinken.

Heinrich VIII. war eigentlich Hypochonder, der sich aus Sorge um sich selbst mit allen Aspekten der Medizin befasste. Er versuchte sich selbst in der Herstellung von Medikamenten und umgab sich gerne mit Ärzten und Apothekern. Sogar ein prophylaktisches Mittel gegen die Pest wollte er herstellen. Dieses war zumindest sehr alkoholhaltig (und passte deswegen auch wieder gut zu ihm). Ständig um seine Gesundheit besorgt, „behandelte" er auch gerne Mitglieder seines Hofstaates.

Dennoch ging es in den letzten Lebensjahren bei ihm gesundheitlich stetig bergab. Im Januar 1536 wurde der König bei einem Turnier vom Pferd gestoßen, war darauf lange bewusstlos und hatte nun eine Beinwunde, die nicht richtig heilen wollte. Deshalb spekuliert man auch heute darüber, ob er auch Diabetiker war. Nach dem Unfall wurde Heinrich jedenfalls immer unbeweglicher und legte stark an Gewicht zu. Beobachter berichteten, dass er dick wie drei Männer zusammen wurde.

Da der genusssüchtige König weiterhin große Mengen an Fleisch und Pudding in sich hineinstopfte, wog er schließlich 160 Kilo, weshalb sogar sein Bett verstärkt werden musste. Seine Verdauung soll katastrophal gewesen sein und er litt unter chronischen Schmerzen. Die Wunde am Bein, an der er so lange laborierte, verschlimmerte sich und er bekam zudem ein stark schmerzendes Geschwür. Im Jahre 1538 wäre er fast gestorben, da der Eiter aus seinen geschlossenen Geschwüren nicht ablaufen konnte. Er soll bereits schwarz im Gesicht, dem Ersticken nahe und sprachlos gewesen sein. Man vermutete, dass der König eine Thrombose und ein Blutgerinnsel im Kopf hatte. Heinrich überlebte jedoch, konnte in der Folge aber kaum mehr gehen. Er musste trotz seines enormen Gewichts mit Tragstühlen befördert werden. Außerdem wurde seine Sehkraft immer schwächer, so dass man spezielle Brillen für ihn bestellte. Auch wenn wir Heinrich VIII. hier unter die Gichtpatienten einreihen, so dürfte er offensichtlich an einem ganzen Konglomerat von Krankheiten gelitten haben. Die Vermutungen einiger Autoren reichen von Diabetes (wofür vieles spricht), dem Cushing-Syndrom, das mit starker Verfettung, schlechter Wundheilung und Paranoia verbunden ist, bis hin zur Syphilis. Der König hielt sich in seinem Lebensstil offensichtlich bis zum Schluss nicht an irgendwelche gesundheitsfördernden Maßnahmen, verzichtete auf Gemüse und Obst und trank riesige Mengen an Wein und Bier (weshalb man sogar Skorbut bei ihm vermutete).

Das eigentliche Wunder während seiner letzten Lebensjahre ist somit eher, dass er trotz aller gesundheitlichen Probleme so lange durchhielt. Im Dezember 1546 wurde Heinrich jedoch wohl von Todesahnungen erfüllt, denn er kümmerte sich um sein Testament und seine Nachfolge. Niemand wagte aber über seinen nahen Tod zu spekulieren, da das Hochverrat bedeutete. Als ihm sein Leibdiener dann am 27. Januar 1547 verkündete, dass er bald sterben würde und beichten sollte, ließ der König den Erzbischof rufen und schlief danach ein. Als der Geistliche an sein Bett trat, konnte Heinrich VIII. schon nicht mehr sprechen und starb schließlich einige Stunden später.

Ludwig XIV. (1638–1715) war der wohl bedeutendste König, den Frankreich jemals hatte, und ging in vielerlei Hinsicht als Ausnahmegestalt in die Geschichte ein. Doch er war auch Kind seiner Zeit und der höfischen Gesellschaft, was auch bedeutete, dass er einem exzessiven Konsum von Alkohol, Fleisch, Meerestieren und Innereien frönte und sich nicht allzu viel bewegte. Man muss sich nur die zeitgenössischen Gemälde ansehen, die die zeittypischen höfischen Tafeln abbilden. Demonstratives Schauessen war angesagt und Genuss war ein absolutes Standessymbol. Folglich litt auch der Sonnenkönig unter den Leiden der genusssüchtigen Großen und Mächtigen.

Der bedeutendste französische König war vielleicht auch der größte Stinker von allen. Niemand bei Hofe scheint so extrem gestunken zu haben wie dieser Herrscher, der noch stolz darauf war, dass er sich niemals wusch. Sein Leibarzt zog ihm auch alle Zähne, wobei dem König auch der Kiefer gebrochen und ein Teil des Gaumens versehentlich entfernt wurde. Ludwig XIV. muss extrem leidensfähig gewesen sein, denn obwohl ihm das Loch im Gaumen und die fehlenden Zähne ziemlich zusetzten, stopfte er weiterhin gigantische Mengen an Nahrung ohne Kauen in sich hinein. Und dazu noch viel Alkohol, auch wenn einiges aufgrund des fehlenden Gaumens oben wieder durch die Nase herauslief. Der König musste auch so viel „essen", denn er litt seit seiner Jugend an einem Leiden, das ebenfalls die Kunst der damaligen Ärzte überforderte: Er hatte einen Bandwurm. Große Schüsseln mit kunstvoll zubereitetem und dann möglichst weich gekochtem Geflügel, Wild und anderen Köstlichkeiten leerte der Sonnenkönig mit beeindruckender Schnelligkeit. Danach gab er sich seinen Verdauungsproblemen hin. Die heftigen Blähungen, die den König ständig befielen, trugen ebenfalls dazu bei, dass der Monarch fürchterlich stank. Oft genug übergab sich der Sonnenkönig auch und besudelte dabei seine Kleidung. Man verschrieb ihm zudem die stärksten Abführmittel, die damals erhältlich waren.

Im Alter von etwa 50 Jahren begann der größte Herrscher Europas schließlich Blut über den Anus auszuscheiden und entwickelte ein riesiges Geschwür am After. Ludwig XIV. musste daher ohne Narkose operiert werden und litt dabei unter extremen Schmerzen. Der König war indessen schon als Kleinkind von kräftiger Statur gewesen und konnte Schmerzen leidlich gut ertragen, schlussendlich erreichte er trotz seiner Ärzte und seiner vielen Leiden beachtliche 79 Lebensjahre.

Bei all den sonstigen Leiden fiel das Gichtleiden des Sonnenkönigs vielleicht gar nicht so sehr ins Gewicht. Gewohnt, Schmerzen aller Art zu erleiden, dürfte er auch diese irgendwie stoisch ertragen haben. Ludwig XIV., der Europa gegen Ende seines Lebens noch den zerstörerischen Spanischen Erbfolgekrieg bescherte, starb als Schatten seiner selbst schließlich am 1. September 1715. Die Todesursache war Wundbrand am linken Bein, was vielleicht auch mit seiner mangelnden Hygiene zu tun hatte.

Seine zahlreichen Erkrankungen hatten im Grunde keine wirklichen Auswirkungen auf seine Regentschaft, da ihn seine gute Konstitution mit allen damit verbundenen Widrigkeiten gefasst umgehen ließ.

Der berühmte Feldherr **Albrecht von Wallenstein** (1583–1634) war ein typischer Gichtpatient. Er schrieb selbst über seine Krankheit: *„Anno 1620 im Julio bin ich auf den Tod krank gewesen, und hab die Krankheit, vermein ich, dass ich mirs mit Trinken causiert hab."* Dabei mutmaßte er, dass er an „Podagra" litt. Sein Zustand verschlechterte sich seit den ersten aufgetretenen Symptomen immer mehr. Waren es zuerst entzündete Gelenke in den Füßen, so wurde zunehmend sein ganzer Körper in Mitleidenschaft gezogen. Wallenstein konnte ab November 1629 über einige Wochen sein Bett nicht mehr verlassen und hatte große Probleme beim Gehen. Eine Kur in Karlsbad im März 1630 brachte wenig Linderung.

Wallenstein war als Militär neben dem schwedischen König Gustav II. Adolf wohl der Begabteste seiner Epoche. Ein großer Heerführer hatte indessen reiten zu können und so musste Wallenstein 1632 bei Lützen (seiner letzten großen Schlacht) unter den schlimmsten Schmerzen sein Pferd besteigen. Schon einige Monate später war das Reiten für ihn völlig unmöglich, zuletzt musste man ihn liegend in einer Sänfte transportieren. Untersuchungen seines Skeletts ergaben später, dass er neben der Gicht auch an der Syphilis erkrankt war.

Wallenstein starb allerdings an keiner der beiden Krankheiten. Dem unbequemen Heerführer, der für die Habsburger den Dreißigjährigen Krieg schon einmal so gut wie gewonnen hatte, ehe ihm der Kaiser in den Rücken fiel, war ein ganz anderer Tod bestimmt. Nachdem Wallenstein von sich aus Friedensgespräche mit der protestantischen Seite angeboten hatte, um den immer grauenvolleren Krieg zu beenden, und auch keine neuen militärischen Offensivmaßnahmen mehr plante, wurde er endgültig zum Todfeind der ihm nicht eben wohlgesonnenen Wiener Hofgesellschaft um den bigotten Kaiser Ferdinand II., der noch immer die Protestanten von der Landkarte des Reiches gänzlich wegfegen wollte. Somit wurde seine Ausschaltung beschlossen. Als der Feldherr im Dezember 1633 von seiner offiziellen Absetzung erfuhr und sich immer mehr Offiziere seiner Armee von ihm abwandten, obwohl er von ihnen zuvor noch einen Treueeid erhalten hatte, reiste Wallenstein nach Eger, wo er sich eine sichere Zuflucht erhoffte. Es war indessen eine Falle und das Mordkomplott bereits beschlossen. Am 25. Februar 1634 wurden zunächst seine engsten Vertrauten bei einem Bankett umgebracht, ehe das Mordkommando in Wallensteins Gemächer eindrang. Hier beendete ein irischer Söldner mit einer „Partisane" genannten Stichwaffe das Leben des ehemaligen Generalissimus. Somit blieb ihm vielleicht erspart, an der Gicht und/oder der Syphilis elend zugrunde zu gehen.

Inwieweit die Krankheiten Wallensteins Persönlichkeit beeinflussten, wissen wir nicht. Auffallend ist allerdings, dass er bei zunehmendem körperlichen Verfall immer friedfertiger wurde.

Der preußische Junker, Reichsgründer und Kanzler **Otto von Bismarck** (1815–1898) war ein sehr großer Mann, der es kulinarisch gerne deftig liebte. Er trank über Jahrzehnte hinweg riesige Mengen an alkoholischen Getränken, rauchte wie ein Schlot, nahm Morphium und war ein regelrechter Vielfraß, der Massen von Fleisch in sich hineinstopfte. Schon im mittleren Alter war Bismarck deshalb stark übergewichtig, schlief schlecht, litt unter Rheuma (wohl eher Gichtsymptome) und Venenentzündungen. Bismarck stand gerne im Mittelpunkt und wusste andere durch seine Trinkfestigkeit zu beeindrucken. Schon in jüngeren Jahren nannte man ihn deshalb den „tollen Bismarck".

Ein derartiger Lebensstil forderte seinen Tribut. Schließlich musste der Leidensdruck beim deutschen Reichskanzler derart sehr groß geworden sein, dass er sich zu einem etwas maßvolleren Lebensstil entschloss, auch wenn er sich oft nicht an die Vorgaben hielt. Bismarcks Leibarzt Ernst Schweninger übernahm 1882 die Behandlung des Reichsgründers und hatte dieses Amt bis zu dessen Tod im Jahre 1898 inne. Der Kanzler war entzückt, als er den jungen Arzt kennenlernte. Er schrieb: „Ich stand am Rande eines Nerven- und Gesundheitsbankrottes." Schweninger gelang es, den Eisernen Kanzler wirklich zu mäßigen und eine Form von medizinischem Gehorsam einzufordern. Es war höchste Zeit, denn Bismarck brachte 124 Kilo auf die Waage, litt unter Schlaflosigkeit, hatte ständig Migräne und oftmals Verdauungsprobleme. Außerdem wollte ein anderer Arzt bei ihm ein Leberkarzinom festgestellt haben, das sich schlussendlich als Gallensteine entpuppte. Als er Schweninger kennenlernte, pflegte Bismarck schon zum Frühstück größere Mengen Fleisch zu essen, schon vor dem Mittagessen einiges an Alkohol zu konsumieren und auch Wildgerichte und Geflügel zu sich zu nehmen. Das Mittagessen ging meistens als deftiges Mahl mit sechs Gängen über die Bühne. Schweninger wollte das alles grundsätzlich ändern, kam aber nur in kleinen Schritten voran.

Bismarck war inzwischen von dem neuen jungen Kaiser Wilhelm II. als Reichskanzler entfernt worden und zog sich auf sein Landgut Friedrichsruh im Sachsenwald zurück. Er begann mit dem Verfassen seiner Memoiren, mischte sich aber weiterhin in die Politik ein. Dabei äußerte er sich immer wieder auch kritisch über den Kaiser. Gegen dessen ausdrücklichen Wunsch stattete Bismarck dem kaiserlichen Hof in Wien einen Besuch ab, wo man den einstigen Gegner mit großer Begeisterung feierte. Wilhelm II. suchte zuletzt die Versöhnung mit dem Exkanzler, was ihm aber nicht wirklich gelingen sollte.

Der grimmige alte Kanzler blieb zum Verdruss der Berliner Politik bis kurz vor seinem Tod arbeitsfähig. Als seine Frau 1894 starb, traf ihn das sehr und sein gesundheitlicher Zustand begann sich zu verschlechtern. Ab 1896 war er so schlecht beieinander, dass er nur mehr im Rollstuhl mobil war. Neben der Gicht stellten sich weitere Alterskrankheiten ein, die ihm zusätzlich zu schaffen machten. Er starb schließlich am 30. Juli 1898.

Darüber berichtete das „Neue Wiener Tagblatt" nach den Aussagen von Dr. Schweninger am 1. April 1898: „Nachts 11 Uhr beendete eine rasch verlaufende Lungenlähmung (acutes Lungenödem) das an Arbeit, Mühen und Erfolgen einzige, leider aber auch an Körper- und Seelendrangsal überreiche Leben Sr. Durchlaucht des Fürsten Otto v. Bismarck. Der Verewigte hatte ein Alter von 83 Jahren und vier Monaten erreicht. Ein Abschluss, wie ihn die Lungenlähmung herbeiführte, war seit längerer Zeit befürchtet worden. Nachdem ungewöhnlich starke Atembeschwerden, Ringen nach Luft und sehr schmerzhafte Auftreibungen die Existenz in den dem Ende vorhergehenden Stunden – der Morgen hatte, nach einer wenig ruhigen Nacht, leidlich begonnen – sehr qualvoll gestaltet hatten, erfolgte das Ende relativ sanft und ruhig…"

Letztlich hatte die Gicht ebenso geringen Einfluss auf Bismarcks politisches Handeln wie seine anderen Erkrankungen. Ob er vor allem im Alter eine noch größere Rolle auf der politischen Bühne hätte spielen können, wenn er in besserer gesundheitlicher Verfassung gewesen wäre, ist denkbar, sein Einfluss auf das tatsächliche politische Geschehen wäre dadurch aber wohl nicht mehr gestiegen.

Die Dynastie mit den meisten Gichtfällen waren die Hohenzollern. Einer ihrer bekanntesten Vertreter war **Friedrich Wilhelm I.** (1688–1740), der „Soldatenkönig", der es zu seiner besten Zeit auf 150 Kilo Lebendgewicht bei nur 1,65 Meter Körpergröße brachte. Er aß zumeist sehr unköniglich, was mit seinem derben Wesen korrespondierte, aber immer extrem viel. Beim Mittagessen wurde geschlemmt bis zum Platzen und am Abend begab sich seine Majestät oft in das von ihm gegründete „Tabakkollegium", um dort mit seinen Freunden stundenlang weiter zu völlern und vor allem sehr viel zu trinken. Schon fünf Jahre vor seinem Ende machte sich die Wassersucht bei ihm bemerkbar, nachdem er zuvor schon heftige Gichtanfälle und Bluthochdruckkrisen, die man „Blutwallungen" nannte, erlitten hatte. Schließlich konnte sich der Soldatenkönig nur mehr im Rollstuhl fortbewegen, in dem er laut Theodor Fontane „seine Gicht absaß". Als Friedrich Wilhelm merkte, dass es mit ihm zu Ende ging, ließ er noch einmal seine „Langen Kerls" vor seinem Krankenbett aufmarschieren. Er konnte inzwischen wegen der Gicht sogar das Bett nicht mehr verlassen.

Friedrich Wilhelm übernahm 1713 das Erbe seines verschwenderischen Vaters, der immer über seine Verhältnisse gelebt, aber für das Geschlecht immerhin die Königswürde „ergattert" hatte. Der bullige kleine König beschloss, von nun an alles besser zu machen. Daraus entstand letztlich das, was wir vor Augen haben, wenn wir an Preußen denken: ein wohlorganisierter Staat mit einer starken Armee, sparsam und solide mit pflichtbewussten Menschen. Friedrich Wilhelms Weg war geprägt von Arbeit, Ordnung und Gehorsam. Als König war er allgegenwärtig, er wollte alles kontrollieren und tauchte immer wieder völlig unerwartet irgendwo auf. Daneben drillte er auch noch seine Soldaten, was ihm den Spitznamen „König-Feldwebel" einbrachte.

Der König war kein höflicher Mensch, sondern benahm sich zum Vergnügen der anderen Höfe in Europa oft wirklich wie ein derber Unteroffizier, der seine Untertanen auch manchmal persönlich verprügelte. Er baute alle Schulden seines Vaters ab und machte bald Gewinn, auch indem er einige seiner eigenen Schlösser verkaufte. Der Adel hatte wenig Freiheiten und noch weniger zu lachen, genauso wie der Rest der Untertanen. Dafür wurde die Wirtschaft gefördert und modernisiert und mit der Charité ein beispielhaftes Krankenhaus gegründet.

Großen Kummer bereitete dem König sein ältester Sohn Friedrich, der seiner Meinung nach völlig aus der Art schlug, wobei er doch eigentlich nur ein jugendliches Geschöpf der späten Barockzeit war. „Effeminiert", unsoldatisch, musisch und mit unerwünschten „Neigungen" kam er angeblich daher. Sein Vater tat alles, um ihn in seinem Sinne zu sozialisieren, schlug ihn, bestrafte ihn auf vielerlei Weise und stellte ihn öffentlich bloß. Als der Junge schließlich mit seinem geliebten Freund

Hans Hermann von Katte vom Hof fliehen wollte, scheiterte dies dramatisch. Katte wurde in Anwesenheit Friedrichs geköpft und der Kronprinz entging der Todesstrafe wohl nur durch die Intervention des Kaisers in Wien.

Friedrich kroch vor seinem übermächtigen Vater zu Kreuze, machte in Hinkunft auf braver Sohn, heiratete sogar eine Frau und wartete auf seinen eigenen Machtantritt. Friedrich Wilhelm I., der übrigens ein extrem frommer und sehr gottesfürchtiger Mensch war, lebte weiterhin so ungesund, dass wohl viele das Gefühl hatten, dass dieser Machtwechsel nicht lange auf sich warten lassen würde.

Obwohl er vom Soldatentum fasziniert war und die schlagkräftigste Armee Europas aufbaute, vermied es der Soldatenkönig so weit wie möglich, diese einzusetzen, was ihm fast immer gelang. Sein Sohn hatte dazu später einen ganz anderen Zugang. Friedrich Wilhelm prügelte seine Untertanen, gab sich seinen Wutanfällen hin und liebte derbe Späße, besonders wenn er wieder einmal zu viel getrunken hatte. Wenn immer möglich, ging er auch auf die Jagd, bis die Gicht dem ein Ende machte. Der Zorn des Königs entstammte seinem Cholerikertemperament, aber auch den vielen Krankheiten, die ihm zu schaffen machten. Er litt schon in jungen Jahren an der Gelbsucht, hatte eitrige Gewebsentzündungen, wobei man vermutet, dass er auch an Porphyrie litt, was vieles an seinen Verdauungsstörungen und psychologischen Auffälligkeiten erklären würde. Sein Urin war rot verfärbt, was ein weiteres Anzeichen dafür war. Mit 38 Jahren erlitt der König den ersten nachweisbaren Gichtanfall. Einige Jahre später – 1729 – hatte er während einer Jagd einen so starken Anfall, dass er völlig bewegungsunfähig wurde. Nun machten sich auch die Wassersucht und Kurzatmigkeit bemerkbar. Friedrich Wilhelm dachte sogar ernsthaft ans Abdanken und wollte seine letzten Lebensjahre in Holland verbringen. Der kranke König begann schließlich sogar zu malen, um sich von seiner Krankheit abzulenken. Er signierte die Gemälde mit „unter Schmerzen gemalt“. Als er dem Kaiser doch einmal militärisch dienen musste, im Krieg am Rhein 1734/35, brach Friedrich Wilhelm völlig zusammen, wobei Körper und Gesicht stark von der Wassersucht entstellt waren. Nach dem misslungenen Feldzug musste der König ein halbes Jahr im Bett verbringen. Die Ärzte traktierten ihn mit Aderlässen und anderen untauglichen Mitteln.

Friedrich Wilhelm erlebte noch fünf weitere Jahre. Er kämpfte bis zuletzt und versuchte trotz allem weiterhin zu arbeiten und machte sogar bis kurz vor seinem Tod Inspektionsreisen. Eine gewisse Vitalität behielt er nach Augenzeugenberichten bis ans Sterbebett bei, auch wenn er oft nach Luft rang und man ihm die starken Schmerzen ansehen konnte. Der König starb am 31. Mai 1740 durch Ersticken an der Wassersucht infolge seines Herzleidens. Ob er vor seinem Ende die vielen Jahre, die er mit übermäßigem Essen und Trunksucht zugebracht hatte, bedauerte, ist nicht bekannt. Er hätte wohl auch nicht erwartet, dass sein „weibischer" Sohn einer der wichtigsten Feldherren der preußischen Geschichte werden würde.

Gicht, Wassersucht und eine Neigung zu Schlaganfällen finden in der Geschichte des Hauses Hohenzollern immer wieder Erwähnung. Manche Historiker bzw. Historikerinnen meinen daher auch, dass diese Leiden die Entschlüsse und das Denken der Herrscher dieses Hauses beeinflusst haben. Bei einigen der frühen Hohenzollern ist nicht wirklich abgesichert, ob sie auch an Gicht litten, die überlieferten Quellen lassen es aber zumindest denkbar erscheinen. So wie etwa bei Kurfürst **Albrecht Achilles von Brandenburg** (1414–1486), der sich anlässlich der Königswahl des Habsburgers Maximilian im Jahr 1486 in einer Sänfte nach Frankfurt transportieren lassen musste, da er aufgrund seiner Erkrankung nicht mehr reiten konnte. Er verstarb dann auch während des Reichstags in Frankfurt an den großen zusätzlichen Belastungen.

Sein Nachfolger **Johann Cicero von Brandenburg** (1455–1499) war sehr dick und wurde aus diesem Grund scherzhalber „magnus" genannt. Er wurde nicht sehr alt und starb im Jahre 1499 an Wassersucht, wohl infolge einer Herzinsuffizienz, die wiederum durch Bluthochdruck verursacht wurde. Ein wichtiger Faktor dabei ist meistens das Übergewicht, das sich oft in Gesellschaft mit der Gicht findet. War der übermäßige Fleisch- und Alkoholgenuss bei fast allen adeligen Familien verbreitet, so gab es nirgendwo so viele bekannte Gichtfälle wie bei den Hohenzollern. Friedrich II. sollte feststellen: *„Als Vorläufer einer ganzen Armee von Gesundheitsfeinden ist die Gicht da."*

Joachim Friedrich von Brandenburg (1546–1608) starb während einer Jagd an einem Schlaganfall. Sein Nachfolger **Johann Sigismund** (1572–1620) gehörte wieder zu den ganz Dicken in seiner Familie und trank Unmengen an Alkohol. Er erlitt 1616 mit 44 Jahren einen Schlaganfall, wodurch er nicht mehr sprechen konnte. Auch sein Sohn und Nachfolger **Georg Wilhelm** (1595–1640) litt an Gicht und Wassersucht und starb 1640, nachdem er sein Land im Dreißigjährigen Krieg in eine besondere Katastrophe hineinmanövriert hatte. Ihm folgte der Große **Kurfürst Friedrich Wilhelm von Brandenburg** (1620–1688), der die Grundlagen für Preußen als Großmacht legen sollte. Allerdings neigte auch er zu extremer Völlerei und Alkoholexzessen und musste mit den entspechenden Konsequenzen klarkommen. Er regierte dennoch sehr lange und erfolgreich. An seiner Tafel wurden an normalen Tagen pro Mahlzeit etwa 20 Gänge gereicht, aber bei festlichen Anlässen waren es bis zu 100 Gänge. Bekannt ist, dass der Große Kurfürst an Nierensteinen, der Gicht und Wassersucht litt.

Ihn folgte sein Sohn **Friedrich I.** (1657–1713), der den Königstitel für die Hohenzollern erwarb, aber eine wenig gute Nachrede hatte und gesundheitlich aus der Art schlug. Er litt eher an „Engbrüstigkeit“ und Asthma.

Der Soldatenkönig wurde bereits behandelt. Sein Sohn **Friedrich II.** (1712–1786) schrieb mehr als seine Vorfahren und Nachfolger, und so soll auch folgender Satz von ihm stammen: „*Das Podagra nimmt gerne seine Herberge bei mir, weil es weiß, dass ich ein Fürst bin, und weil es glaubt, ich werde es gut bewirten.*“ Friedrich setzte offenbar alles daran, seine Vorfahren bei den Trink- und Essgewohnheiten noch zu übertreffen. Dazu berichtete der Gesandte August Wilhelm von Schwicheldt: „*Gemeiniglich trinkt er jeden Mittage eine Bouteille Champagne-Wein aus, zuweilen, jedoch selten, kommen noch einige Gläser Bourgogne oder Tokaier hinzu.*“ Ein Theologe schrieb über den König: „*… im Essen war er gar nicht Herr und Meister über sich selbst, sondern folgte seinem Appetit.*“ Friedrich kommentierte sein Verhalten etwas witziger: „*Ich bin wie die schwangeren Weiber, die unordentliche Lüste haben.*“

Wenig verwunderlich traten die ersten Anzeichen der Gicht bei Friedrich bereits sehr früh ein. Mit 29 Jahren hatte er den ersten Anfall, wozu noch mit 36 Jahren ein Schlaganfall leichterer Art kam, der ihn vorübergehend auf der rechten Seite lähmte. Dazu kamen Anzeichen eines Bluthochdrucks, wie Erstickungsanfälle,

Schlaflosigkeit, Blutandrang und unerträgliches Herzklopfen. Der König war sich all dessen durchaus bewusst, berichtete sogar darüber an seine Lieblingsschwester Wilhelmine. Und Henri de Catt, der Privatsekretär des Königs, meinte, dass *„sobald er eine gute oder schlechte Nachricht erhielte, das Blut zu Kopfe“* steige und er bei Erregung *„mit feuerrotem Gesicht“* reagiere. Während des Siebenjährigen Krieges musste Friedrich II. oft von Soldaten zu den Sitzungen seines Stabes getragen werden und manchmal Besprechungen am Feldbett liegend leiten, da ihn die Gicht fest im Griff hatte.

Da Gichtanfälle zu den schmerzhaftesten Zuständen der Medizin gehören, muss man dem König zugestehen, dass er eine heroische Selbstbeherrschung gehabt haben musste, um militärische und Staatsangelegenheiten trotz seiner Schmerzen erfolgreich durchführen zu können. Im Winter des Jahres 1775 hatte er insgesamt 18 Gichtanfälle, weshalb er einige Zeit mit der linken Hand schreiben musste. Als im Jahre 1779 die ziemlich fragwürdige Gerichtsaffäre um den Müller Arnold stattfand (hier ergriff der König Partei für einen Müller, der aufgrund einer Veränderung der Fließgeschwindigkeit des Bachs, an dem seine Mühle lag, seiner Existenzgrundlage beraubt wurde und Schadenersatz einforderte, wobei der König letztlich sogar die Richter zu einer Gefängnisstrafe verurteilte, da diese den Prozess im Sinne des adeligen Verursachers entschieden hatten), sollen Friedrich derartig starke Gichtschmerzen geplagt haben, dass er sehr aggressiv und unduldsam wurde, was sich für einige Personen als verhängnisvoll erwies.

Dass Friedrich II. trotz seiner Leiden immerhin 74 Jahre alt wurde und nicht wie so viele seiner kranken Vorgänger schon viel früher starb, mutet fast wie ein Wunder an. Da er in den letzten Wochen seines Lebens liegend nicht mehr atmen konnte, starb er schließlich 1786 in einem Sessel sitzend in seinem Lieblingsschloss Sanssouci. Sein Leibarzt Zimmermann schrieb: *„Der König hatte die Brustwassersucht, die Bauchwassersucht und eine erhebliche Ergießung von Wasser in seinen Schenkeln und Beinen.“* Um einer schnellen Verwesung Einhalt zu gebieten, wurden nach seinem Tode einige Liter Flüssigkeit aus der Leiche abgelassen.

Da Friedrich II. keinen Erben hinterlassen hatte (wobei auch viele heutige Historiker/-innen alles tun, um die offenkundige Homosexualität des Königs zu relativieren bzw. überhaupt in Frage zu stellen), kam sein Neffe auf den Thron. König **Friedrich Wilhelm II.** (1744–1797), auch der „dicke Willem" genannt, war aus einem ganz anderen Holz geschnitzt als sein Onkel. Seine politischen und kriegerischen Ambitionen waren enden wollend und er widmete sich lieber dem Cellospielen, für das er eine große Begabung hatte. Dieses Cellospielen musste der „dicke Willem" schließlich wegen seiner völlig ausufernden Leibesfülle bereits einige Jahre vor seinem Tod aufgeben.

Friedrich Wilhelm II. litt auch für alle sichtbar an der Gicht und man stellte Aszites und Dysponesis bei ihm fest. Sophie von Voss schrieb über ihre Begegnung mit dem König im Jahre 1796: *„Barmherziger Gott, welch ein Anblick! Der König ist schwächer und abgemagerter als je, seine Stimme ist so schwach, dass man ihn kaum verstehen kann, wenn er spricht. Trotz dessen ging er ins Theater, aber ach, er hat gar keinen Atem, immer den Mund offen und ist in wahrhaft schrecklichem Zustand."*

Trotz seiner Leiden begab sich Friedrich Wilhelm während des Koalitionskrieges gegen die Franzosen für einige Zeit an die Front. Doch sein schlechter Gesundheitszustand ließ schlussendlich keine weiteren Reisen oder auch nur die Erledigung der Tagesarbeit zu. Er zog sich weitgehend von der Öffentlichkeit zurück und überließ seinem Sohn die Regierungsgeschäfte. Starke Atemnot machte ihm immer mehr zu schaffen und er konnte sich nicht mehr bewegen. Friedrich Wilhelm II. starb am 16. November 1797 während eines heftigen Krampfanfalls, er wurde nur 53 Jahre alt.

Sein Sohn **Friedrich Wilhelm III.** (1770–1840) war zunächst mit den Kriegen gegen Napoleon beschäftigt, die fast die Existenz Preußens als Staat gekostet hätten, nahm am Wiener Kongress teil und stand im Schatten seiner populären Gattin Luise. Er erlitt 1840 einen Schlaganfall und konnte so die Grundsteinlegung für ein Reiterdenkmal für Friedrich II. nur mehr sitzend verfolgen. Er starb einige Tage später.

Die Tradition der Schlaganfallpatienten führte auch **Friedrich Wilhelm IV.** (1795–1861) weiter fort. Er war wieder einer von den sehr dicken preußischen Herrschern, stand kulturell der aufkommenden Romantik nahe und erfand die Pickelhaube.

1856 erlitt er seinen ersten Schlaganfall, dem mehrere folgen sollten. Es kam zu Gedächtnisverlusten und Sprachstörungen. Letztlich musste er seinem Bruder Wilhelm I. 1858 die Regentschaft übergeben. Manche Zeitgenossen mutmaßten, dass der König auch geisteskrank war, wahrscheinlicher ist aber wohl eine Gehirnarteriosklerose, zumal er schon vor den Schlaganfällen gewisse psychopathologische Auffälligkeiten zeigte. An der Gicht dürfte er jedenfalls auch gelitten haben. Im November 1859 kam es zu einem erneuten Schlaganfall, der den König linksseitig lähmte. Ein Jahr später verlor er nach einem weiteren Schlaganfall das Bewusstsein. Während die Angehörigen das nahe Ableben des Monarchen erwarteten, siechte dieser noch bis zu einem weiteren Schlaganfall Anfang Januar 1861 dahin. Der erwies sich dann aber als tödlich.

In der psychosomatischen Gichtforschung stellt man sich mitunter die Frage, ob bestimmte Persönlichkeitsmerkmale von Menschen in einem Bezug zur Wahrscheinlichkeit stehen, an Gicht zu erkranken. Es gibt Theorien, dass diese Krankheit vor allem Führungspersönlichkeiten trifft, die ein eher geringes Verantwortungsbewusstsein ihrer Umgebung gegenüber haben. Bereits im 18. Jahrhundert schrieb William Cullen, der Begründer der medizinischen Schule von Glasgow, über die Gicht, dass *„Weise eher betroffen seien als die Dummen, Robuste und Wohlgenährte mit großem Kopf und breiter Brust eher als die Schwächeren“*. Bei psychoanalytischen Tests an der Universität München, die vor einigen Jahren an Gichtpatienten/-innen durchgeführt wurden, zeigten sich in der Tat einige Charakteristika: So wiesen viele eine ausgeprägte Selbstbezogenheit und das Bedürfnis nach Bewunderung auf. Sie liebten den Genuss – oft bis zum Exzess –, strebten nach mehr Geltung und waren sehr leistungsorientiert. Das hatte seine Ursache manchmal auch in latenten Minderwertigkeitsgefühlen.

Bei den Hohenzollern zeigten sich viele dieser Merkmale besonders auffällig. Fast alle Hohenzollern „genossen“ eine harte und strenge Erziehung. Sie wurden früh dem Einfluss der Eltern entzogen und der Obhut von Privatlehrern übergeben. Das führte sehr oft zu emotionalen Defiziten, die sich aus der Kindheit weiterentwickelten. Als Erwachsene erwuchsen daraus oft Probleme, wenn es um die Verarbeitung von individuellen Konflikten ging. Das führte bei vielen letztlich zu einer extremen Nahrungsaufnahme und Trunksucht. Auch Leistungsbereitschaft und Grundaggressivität sind bei den Hohenzollern gut nachzuweisen. So berichtet man über den Kurfürsten Albrecht Achilles: *„Er war eine Kraftnatur, strotzend von Lebenslust und Tatendrang, immer voran im Sturm und Streit, am ganzen Körper mit Narben bedeckt."* Über den großen Kurfürsten sagte man, er wäre ein „Gewitterkopf", sein Arbeitseifer war allgemein bekannt, seine diplomatische Schaukelpolitik ohne Rücksichten und seine Raffinesse in der Politik waren in ganz Europa gefürchtet. Friedrich Wilhelm I. schlug sich schon in seiner Kindheit begeistert mit seinem Cousin, dem späteren König von England, und selbst im fortgeschrittenen Alter drosch er scheinbar zufällig auf harmlose Bürger ein. Friedrich II. ist unter anderem durch seine Kriegsführung, die sehr rücksichtslos war und Europa veränderte, in die Geschichte eingegangen. Er überfiel ohne die damals übliche Vorankündigung in den Schlesischen Kriegen Sachsen und das Reich der Habsburger. Im Kampf nahm er weder auf sich noch auf Soldaten und Pferde Rücksicht. Oft wurde ihm auf dem Schlachtfeld nur durch Zufälle das Leben gerettet, wie beispielsweise durch die berühmte Tabakdose, welche in der Schlacht von Kunersdorf 1759 ein Geschoss unmittelbar vor seinem Herzen abfing. Sein Neffe, Friedrich Wilhelm II., blieb andererseits der Nachwelt besonders durch seine Frauengeschichten in Erinnerung.

Bei fast allen Hohenzollern scheint also das starke Streben nach Erfolg und Macht ein wichtiges Persönlichkeitsmerkmal gewesen zu sein, fast schon als eine Art von Brutalität gegen sich selbst und den anderen gegenüber.

Therapien mit Löwenzahn, Rhabarber und Meereszwiebeln sollten den Hohenzollern bei Gicht, Wassersucht, Bluthochdruck und Schlaganfall helfen. Dazu kamen die unvermeidbaren Aderlässe und Klistiere sonder Zahl, welche auch schon das Repertoire der damaligen Ärzte erschöpfte. Ein intelligenter Herrscher wie Friedrich II. durchschaute das auch und schrieb an seinen Günstling Michael Gabriel Fredersdorf: *„Du hast gros recht, das Du die Docters die Wahrheit sagst, sie seindt große Idioten."* Oder auf Französisch, das er viel besser als die Landessprache beherrschte: *„Die Ärzte haben mich beinahe durch ihre Schwitzkuren ins Jenseits befördert."* Friedrich II. hatte gegen Ende seines Lebens dann die Eingebung, dass ihn Enthaltsamkeit und eine Diät von der Gicht und allen anderen Leiden heilen könnte, aber er konnte oder wollte sich daran nicht wirklich halten, wobei es zu diesem Zeitpunkt ohnehin zu spät gewesen wäre.

Bis ins 19. Jahrhundert wurde Gicht als eine Krankheit der Reichen und der Könige betrachtet. Da die Normalbevölkerung nur wenig Fleisch und Alkohol zu sich nahm, konnte sie diese auch normalerweise nicht entwickeln. In Zeiten der Not, wie zum Beispiel im Dreißigjährigen Krieg, gab es auch augenscheinlich weit weniger Gichtkranke.

Wenn Betroffene die typischen Gichtsymptome zeigten, wie starke Schmerzen in einem Gelenk und bei Berührungen, stark angeschwollene und gerötete Gelenke, Fieber, Kopfschmerzen und allgemeines Unwohlsein, war es für eine Therapie lange Zeit zu spät. An sich kann jedes Gelenk von Gicht betroffen sein, die Krankheit beginnt aber sehr oft beim Großzehengelenk, was seinerzeit Podagra genannt wurde. Deshalb nannte man schließlich die ganze Krankheit so. Die Gicht kann aber auch im Hand-, Knie- und Schultergelenk auftreten. Ein Krankheitsanfall dauert etwa zwei bis drei Wochen, wobei sich die Anfälle aber auch länger hinziehen können, wenn man schon lange an Gicht leidet. Wenn die Krankheit eine chronische Phase erreicht, gibt es gar keine schmerzfreien Phasen mehr. Das war für die Betroffenen natürlich die Hölle. Auch wenn die Gicht heute in keinster Weise mehr das Problem darstellt, das es wohl jahrtausendelang war, so kann man sicherlich darüber nachzudenken, inwieweit sie unsere Geschichte geprägt hat, die ja letztlich auch von erkrankten und ständig schmerzgepeinigten Machtmenschen gemacht wurde. Menschen mit chronischen schmerzhaften Leiden sind meistens keine sehr entspannten Charaktere und neigen mitunter in vielerlei Hinsicht zu Exzessen. Hätten uns gesündere Herrscher beispielsweise einen weniger von Kriegen geprägten Verlauf der Geschichte beschert?

„Indes des Lebens dünner Zwirn verschleißt,
der Erbe lauert, und die Gicht uns beißt.“

Lord George Gordon Byron (1788–1824)
britischer Schriftsteller

DIE AUSSÄTZIGEN HERRSCHER

„Der Mensch erkennt den Aussatz an jedem, außer an sich selbst."

Talmud

Als der junge Markgraf **Otakar (oder Ottokar) IV.** von Steyr (1163–1192) im Jahre 1180 zum ersten Herzog der Steiermark ernannt wurde, war er bereits seit einiger Zeit von einer unheilbaren Krankheit befallen. Es war klar, dass die Tage Otakars bereits gezählt waren, da der „Aussatz" nicht heilbar war. Doch vorerst gelang es ihm, der bereits im zarten Alter von einem Jahr seinen verstorbenen Vater „beerbt" hatte, nach der Regentschaft seiner Mutter sein neues Herzogtum zu konsolidieren und den rebellischen Adel unter Kontrolle zu bringen. Otakar ließ zudem einige wichtige Burgen gegen die feindlichen Ungarn errichten, gründete die Stadt Fürstenfeld und machte Graz zu seiner Residenz. Er legte damit die Grundlagen für ein wichtiges Bundesland des heutigen Österreichs.

Da Otakar keinen männlichen Nachfolger hatte und aufgrund seiner sich verschlimmernden Krankheit auch nicht zeugen konnte, schien die Zukunft des neu entstandenen Herzogtums ungewiss. Doch Otakar entschloss sich, sein Territorium in einem Erbfolgevertrag an die erfolgreichen und mit seiner Sippe verwandten Herzöge von Österreich – die Babenberger – weiterzureichen. 1186 wurde ein diesbezüglicher Vertrag, die „Georgenberger Handfeste", geschlossen. Otakar war damals erst 23 Jahre alt, doch die Krankheit setzte ihm unbarmherzig zu. Der Babenberger Leopold V. („der Tugendreiche") war natürlich zu dieser Übereinkunft nur allzu sehr bereit.

Otakar wäre wahrscheinlich ein großer Herzog geworden, doch die Lepra ließ ihm wenig Zeit. Er starb 1192 und mit ihm erlosch das erfolgreiche Geschlecht der Traungauer. Die Babenberger konnten mit dem Erwerb der Steiermark ihre Expansionspolitik fortführen und damit letztlich die Grundlagen für das heutige Österreich legen. Somit hatte die Lepra letztlich einen Staat mitgegründet.

In jeder geschichtlichen Epoche hatte man vor bestimmten Krankheiten Angst, ja sie bestimmten nicht selten das Alltagsleben und auch die Politik. Im Mittelalter galt Lepra als das Schlimmste, was einem widerfahren konnte. Aussätzige standen außerhalb der normalen Gesellschaft und eigentlich der Welt. Sie wurden als lebende Tote betrachtet, denen das Schicksal viele Jahre eines langsamen und entwürdigenden Todes beschert hatte. Die Krankheit konnte auch ab einem gewissen Stadium schwer vor der Umwelt verborgen werden. Die Kirche sah allzu oft im Aussatz eine Strafe Gottes.

Die Ärzte Altägyptens beschrieben die ihnen bekannte Krankheit zur Zeit von Pharao Merenptah bereits sehr genau. Es war ihnen auch bewusst, dass die Lepra ansteckend war und sie empfahlen, dass man die Betroffenen isolieren sollte. Sowohl im Alten als auch im Neuen Testament der Juden gibt es Berichte über Leprapatienten. Doch ihren eigentlichen „Höhepunkt" sollte die Krankheit im Mittelalter erleben, wo sie in vielen Berichten und Chroniken erwähnt und beschrieben wird. Archäologische Funde gibt es zu ihr hingegen nur sehr wenige. Die Krankheit, die von Mikrobakterien verursacht wird, manifestiert sich durch eine Verletzung der Haut im peripheren Nervensystem, in der vorderen Augenkammer, in den oberen Atemwegen oberhalb des Kehlkopfes und ganz besonders durch Verletzungen an Händen und Füßen. Obwohl sie von der WHO wie eine vergessene Krankheit behandelt wird, leiden an ihr noch immer etwa 1,8 Millionen Menschen weltweit.

Während des Mittelalters gab es sehr viele Aussätzige. Die Krankheit verbreitete sich sehr rasch und weder die Könige noch der „gemeine Mann" war davor gefeit. Der bereits erwähnte König von **Balduin IV.** litt daran, der deutsche König **Heinrich VII.** von Hohenstaufen und der englische König **Heinrich IV.** starben an der Lepra. Sie starben langsam, waren aber rettungslos verloren. Aber die Schicksale von Menschen, die nicht über Macht verfügten, waren noch viel schlimmer.

Als Leprakranker durch charakteristische Hautläsionen erkennbar, musste man sich speziellen Riten unterziehen. Zu Beginn wurde die Person durch das Kirchengericht zum Tode verurteilt, worauf der Kranke im Kirchenraum in den Sarg gelegt wurde, um begraben zu werden. Anschließend brachte man den Sarg mit dem Erkrankten zum Friedhof, er wurde in ein Grab gesenkt und symbolisch mit Erde bedeckt. Dann kam der rituelle Satz: „Du bist nicht am Leben, du bist für uns alle tot." Es folgte die Verbannung in die Leprakolonie, wo die Betroffenen oft über viele Jahre noch leben konnten, ohne ein Recht auf Heimkehr zu haben. Die Leprakranken mussten von Almosen leben, hatten eine spezielle Robe mit einer Kapuze und einem weißen Hut zu tragen und mussten mittels einer Glocke oder einer Rassel auf ihre Anwesenheit aufmerksam machen, wenn sie die Kolonie zu ganz bestimmten Anlässen kurz verlassen durften. Es war ein schreckliches Leben und für viele war es schlimmer als der Tod.

Es konnte vorkommen, dass in einer Leprakolonie mehrere Tausend Menschen lebten, und derartige Kolonien existierten an vielen Orten Europas. Die „normalen" Menschen gingen den Kranken und Sterbenden tunlichst aus dem Wege. Wobei allerdings die Arbeit für die Kranken in einer Kolonie von der Kirche oft als besonders gottgefällig angesehen wurde.

Man vermutet, dass durch die Große Pest um die Mitte des 14. Jahrhunderts die meisten Leprakranken starben, da sie zu jener Zeit keinerlei medizinische Versorgung erhielten und auf engstem Raum unhygienisch zusammenleben mussten. Die Ursache der Lepra erkannte man übrigens erst im Jahr 1873.

Natürlich war die Krankheit nicht auf Europa begrenzt, sondern trat weltweit auf. So gibt es in Kambodscha in der Nähe der Stadt Siem Reap die sogenannte „Terrasse des Leprakönigs". Sie zählt durch ihre vielen gut erhaltenen Reliefs mit zu den schönsten Kunstwerken, welche die Khmer der Nachwelt hinterlassen haben. Als Erbauer der Terrasse werden besonders zwei Könige vermutet: Jayavarman VII. (um 1220) bzw. Jayavarman VIII. (1243–1295). Auf der Terrasse befindet sich eine Statue, die wahrscheinlich den König Yasovarman I. (899–910) darstellt, der die erste Stadt in Angkor bauen ließ. Er soll an Lepra erkrankt und daran gestorben sein, wie die Überlieferung berichtet. Das Volk soll ihn den „Leprakönig" genannt haben. Es gibt aber auch die Vermutung, dass die Statue den hinduistischen Gott des Todes, Yama, darstellt, weil auf der Terrasse die Verstorbenen der Königsfamilie verbrannt wurden. Vielleicht waren manche davon an Lepra erkrankt. Lange bevor der im Eingangskapitel erwähnte König Balduin IV. in Jerusalem herrschte, wurde dort im Jahr 1098 der „Orden des Heiligen Lazarus" gegründet. Der Lazarus-Orden widmete sich der Behandlung von Aussätzigen und sorgte für seine Schützlinge, entwickelte sich später aber auch zu einer militärischen Organisation. Offensichtlich gab es damals im „Heiligen Land" recht viele Betroffene und es dürften auch einige Kreuzfahrer vor Balduin an der Lepra erkrankt gewesen sein. Diese gesellschaftliche Integration von „Aussätzigen" dürfte aber für mittelalterliche Verhältnisse eher die Ausnahme als die Regel gewesen sein.

Der Hohenstaufer Heinrich VII. (1211–1242) führt in der Geschichte ein ziemliches Schattendasein und wird oft mit dem Luxemburger Heinrich VII. (1278–1313) verwechselt, da er in der offiziellen Geschichtsschreibung nicht als vollwertiger König gezählt wird. Sein kurzes Leben verlief sehr tragisch, dass er zusätzlich noch an Lepra erkrankt war, konnten neuere Forschungen nachweisen.

Heinrichs Vater war der Stauferkaiser Friedrich II., der als eine der bedeutendsten Persönlichkeiten des Mittelalters gilt. Er ernannte seinen Sohn, den er gemeinsam mit Konstanze von Aragon gezeugt hatte, zum Mitkönig. In Sizilien erzogen, übergab ihm sein Vater in jungen Jahren das Herzogtum Schwaben und schließlich auch Burgund. Bereits 1220 wurde er von den deutschen Fürsten zum römisch-deutschen König gewählt, wofür sein Vater den geistlichen Reichsfürsten erhebliche Zugeständnisse machen musste. Es sollte sich bald herausstellen, dass damit die Macht des Königtums in den deutschen Landen ziemlich geschwächt wurde.

Schon als 13-Jähriger erließ der junge Heinrich VII. eigene Gesetze, mit 14 musste er auf Anordnung seines kaiserlichen Vaters die Tochter des Herzogs von Österreich, Margarethe, heiraten, obwohl diese sieben Jahre älter war. Der andauernde Konflikt mit den Reichsfürsten trat in eine heiße Phase, als diese sich gegen die Bevorzugung der Städte durch die Staufer wandten. In einem Erlass gegen die Städte, zu dem er gedrängt wurde, erlitt der junge König 1231 eigentlich einen weiteren Machtverlust, da sein Gestaltungsbereich weiter eingeschränkt wurde. Diese Einschränkungen konnten in der weiteren Reichsgeschichte auch nicht mehr rückgängig gemacht werden und schwächten das deutsche Königtum zusätzlich. Heinrichs Politik, sich auf den niederen Adel und die Städte gegen die großen Fürsten zu stützen, war damit eigentlich gescheitert. Vor allem, da sein Vater Friedrich II. bei seinen italienischen Unternehmungen auf eben diese Fürsten angewiesen war.

Zu den Problemen mit den Fürsten kam auch die Auseinandersetzung mit dem Papst, bei der Vater und Sohn unterschiedliche Standpunkte einnahmen. Das Zerwürfnis mündete schließlich 1234 in einen Aufstand Heinrichs VII. gegen Friedrich II., für den er aber letztlich nicht genügend Verbündete fand. Der junge König scheute auch nicht davor zurück, sich mit den lombardischen Städten, die quasi Todfeinde seines Vaters waren, zu verbünden. Der Kaiser suchte nun die direkte Auseinandersetzung mit seinem Sohn. Nach und nach fielen dessen Verbündete ab und Heinrichs Sache wurde somit aussichtslos. Nachdem er sich seinem Vater unterworfen hatte, wurde Heinrich VII. vom Königsthron entfernt und sein Vater ließ den zweitgeborenen Sohn Konrad IV. 1237 in Wien zum König der Deutschen wählen. Der unglückliche Heinrich wurde in Gefangenschaft genommen und nach Süditalien transportiert. Dort dürfte er sich auch mit Lepra infiziert haben, was das Drama seines Lebens weiter verschlimmerte. Friedrich II. war auch aufgrund der Erkrankung seines Sohnes noch weniger gewillt, ihn zu begnadigen, um ihn weiter vor der Öffentlichkeit verborgen halten zu können. Als man seinen Gefängnisort wechselte und ihn von einer Burg in die andere verlegte, stürzte der unglückliche Heinrich am 12. Februar 1242 von seinem Pferd. Er starb rasch an seinen Verletzungen. Manche Chronisten nahmen an, dass es sich dabei um einen erfolgreichen Selbstmordversuch gehandelt hatte. Heinrich VII. hatte bei der

Nachwelt zumeist eine schlechte Nachrede und man warf ihm auch vor, er sei ausschweifend gewesen, hätte sich an keine sittlichen Regeln gehalten und habe abartige Neigungen gehabt. Andererseits war er aber auch ein Förderer des Minnesangs, der Dichtung und der Kultur, was aber nicht unbedingt ein Widerspruch sein muss.

Ob ein gesunder Heinrich VII. als tatkräftiger Nachfolger seines Vaters die staufische Herrschaft im Reich hätte verlängern oder sogar festigen können, ist spekulativ. Mit dem Tod seines Vaters begann jedenfalls eine Phase des Niedergangs der königlichen Macht im sogenannten Interregnum. So gesehen hat die Lepra hier eher den deutschen (Kur-)Fürsten in die Hände gespielt.

Heinrich IV. (1366–1413) befreite England zwar von seinem Vorgänger Richard II. (1367–1400), den viele als monströse Figur sahen, aber er sollte letztlich auch keinen wirklich guten Eindruck hinterlassen. Henry Bolingbroke, wie er wegen seines Geburtsortes genannt wurde, leitete seinen Anspruch auf den Thron Englands dadurch ab, dass sein Vater der dritte Sohn von König Eduard III. gewesen war. Sein Cousin Richard of Bordeaux wurde 1377 als Richard II. zum neuen König gekrönt. Richards Herrschaft stand von Anfang an aber unter keinem guten Stern, was vor allem auch auf seinen Charakter zurückzuführen war. Heinrich war sofort auf der Seite der Opposition gegen Richard zu finden, wie die meisten Angehörigen des Adels. Zudem eskalierte ein Konflikt zwischen König und Parlament. Dann aber wechselte Heinrich schließlich auf die Seite Richards II. Quasi zwischendurch beteiligte er sich zweimal an den „Kreuzzügen“ gegen die heidnischen Preußen und pilgerte nach Jerusalem.

1398 fiel Heinrich einer Hofintrige zum Opfer und wurde nach Frankreich verbannt. Nachdem sein Cousin auch noch einige große Erbschaften in England machte, verbannte ihn Richard II. auf Lebenszeit aus England, um sich das reiche Erbe selbst unter den Nagel reißen zu können. Das konnte und wollte sich Heinrich Bolingbroke natürlich nicht bieten lassen und landete mit seinen Anhängern 1399 an der englischen Küste, während der König einen Feldzug gegen Irland anführte. Der englische Adel hatte auf diese Gelegenheit gewartet, um den verhassten König loszuwerden, und lief großteils zu Heinrich über. Als Richard II. rasch aus

Irland zurückkehrte, löste sich auch noch seine Armee auf. Der unbeliebte König wurde im Sommer 1399 gefangen und landete im Tower. Dann zwang man ihn, die Krone an seinen Cousin abzugeben, der sich dann Heinrich IV. nannte. Das Parlament bestätigte diese Entscheidung. Es sollte jedoch während Heinrichs ganzer Regierungszeit Zweifel an seinem rechtmäßigen Königtum geben, zumal es auch noch andere Anwärter auf den Thron gab.

Heinrich IV. musste zunächst einige Aufstände niederschlagen, dann wurde der Exkönig Richard vom Leben in den Tod befördert. Überhaupt war die kurze Regierung Heinrichs von ständigen Aufständen geprägt, die der König aber immer niederschlagen konnte. Dabei half ihm besonders sein militärisch begabter Sohn, der spätere König Heinrich V. Der König konnte dabei auch einen seiner namhaften Gegner, König Jakob I. von Schottland, gefangen nehmen.

Ab dem Jahr 1405 begann Heinrich IV. zu kränkeln. Sein Gesundheitszustand verschlechterte sich rasch und die Situation wurde im Winter 1408/09 ziemlich dramatisch. Er versuchte aber weiterhin, die Macht fest in seinen Händen zu halten. Als sein Sohn ihn zum Rücktritt drängen wollte, kam es zu einem heftigen Konflikt. Vater und Sohn versöhnten sich erst kurz vor dem Ableben des Königs. Heinrich IV. zeigte ziemlich unterschiedliche Krankheitssymptome, darunter auch epileptische Anfälle. Aber es stellte sich immer mehr heraus, dass er vor allem an Lepra litt, mit der er sich wohl im Rahmen seiner Pilgerfahrt ins „Heilige Land" infiziert hatte. Der König starb am 20. März 1413 und sein machthungriger und kriegsbegeisterter Sohn folgte ihm nach. Die meisten Chroniken lassen an Heinrich IV. wenig Gutes, da er kein Freund der Kirche gewesen war und die meisten der damaligen Chroniken von Geistlichen verfasst wurden. William Shakespeare widmete ihm später auch ein Drama.

Ob Heinrichs Regierungszeit anders verlaufen wäre, wenn er keine Lepra gehabt hätte, ist wenig wahrscheinlich. Die Konflikte mit seinem Cousin und dem englischen Adel wären ja nicht aus der Welt gewesen.

GOTTES STRAFE FÜR DIE SÜNDER – DIE SYPHILIS

„Die Moral ist eine venerische Krankheit.
Primär heißt sie Tugend, sekundär heißt sie Langeweile,
und tertiär heißt sie Syphilis.“

Karl Kraus (1874–1936)
österreichischer Schriftsteller und Publizist

Iwan IV. „der Schreckliche“ (1530–1584) war eine ziemliche Ausnahmeerscheinung in der russischen Geschichte, deren Hang zu absoluter Grausamkeit wohl erst durch Stalin einigermaßen erreicht wurde. Er war aber auch der erste russische Großfürst, der sich zum Zaren krönen ließ und damit das russische Kaiserreich begründete. Eigentlich nannte man ihn „grosny“, was „streng und furchteinflößend“ bedeutet, aber im Deutschen wurde er zum „Schrecklichen“.

Iwan war ein Abkömmling der Rurikiden, eines sehr alten Geschlechts, und sein Vater Wassili III. hatte lange Zeit das Problem, dass sich kein Stammhalter einstellte. Schließlich schickte er seine erste Frau ins Kloster und heiratete eine jüngere. Als sich 1530 dann endlich ein männlicher Erbe einstellte, war Wassili bereits 51 Jahre alt. Der kleine Iwan wurde von seiner Mutter erzogen, verlor aber seinen Vater bereits mit drei Jahren, woraufhin seine Mutter Helena Glinskaja Regentin wurde. Ein weiterer Thronanwärter wurde brutal beseitigt. Die Regentin und Mutter Iwans scheute nicht davor zurück, auch weitere ihr nicht wohlgesonnene Personen umbringen zu lassen, zumal auch andere Adelsgeschlechter nach dem Thron strebten. Es entbrannten die üblichen und brutalen Machtkämpfe, bei denen Mord ein legitimes Mittel der Wahl war. Helena Glinskaja wurde schließlich vergiftet und Iwan war Vollwaise. Zwei mächtige Bojarenfamilien kämpften nun weiter um die Macht und um die Kontrolle über den achtjährigen Iwan, der schlecht behandelt und weggesperrt wurde. Ohne Liebe und in ständiger Angst um sein Leben wuchs er heran, manche Experten/-innen glauben darin einen Grund für seinen rachgierigen und grausamen Charakter gefunden zu haben. 1542 wurde Iwan von der Familie Schuiski in ihre Gewalt gebracht und schwer gedemütigt. Als er 13 Jahre alt war, begann sich Iwan IV. seiner eigenen Macht bewusst zu werden und agierte gleich auf grausame Weise. Er konnte sich befreien, scharte seine Anhänger um sich, ließ den Fürsten Schuiski festnehmen und von Jagdhunden zerfleischen.

Iwan IV. wurde Anfang 1547 zum Zaren gekrönt und heiratete eine Fürstentochter. Sein Hang zur Grausamkeit, der sich später ins Unermessliche steigern sollte, war bei ihm von Anfang an vorhanden. So soll er bereits mit zehn Jahren zum eigenen Vergnügen Tiere getötet haben. Aufgrund seiner extremen Verhaltensauffälligkeiten hätte man ihn in diesem Buch auch unter den geisteskranken Herrschern anführen können, aber hier soll er als Syphilitiker vorgestellt werden.

Schon im ersten Jahr nach seiner Krönung lieferte Iwan ein schauerliches Beispiel für seinen Sadismus. Im Sommer 1547 kamen 70 Abgesandte aus der Stadt Pskow, um Iwan ihre Klagen gegen den dortigen Statthalter vorzutragen. Iwan befahl den Männern, sich auszuziehen, sodann ließ er sie fesseln und mit Branntwein übergießen. Dann wurden ihnen bei lebendigem Leib Bart und Haare mit Kerzen versengt. Der junge Zar hatte sich das Schauspiel selbst ausgedacht und sollte sich im Laufe seiner Herrschaft an immer neuen Foltererfindungen und sich im Todeskampf windenden Opfern ergötzen. Mitunter brachte er auch seine Bediensteten aus einer Laune heraus einfach um. Während er sich an den Leiden der Männer aus Pskow erfreute, wurde ihm berichtet, dass eine große Glocke der

Moskauer Kathedrale herabgestürzt war. Quasi symbolisch wurden damit 37 Jahre Terror, Mord und Schreckensherrschaft eingeläutet.

Besonders gefürchtet waren Iwans Wutanfälle, vor denen niemand in seiner Umgebung sicher war. Militärisch betrachtet war seine Herrschaft zu Beginn sehr erfolgreich und er konnte sein Territorium vergrößern. Doch später stagnierte diese Entwicklung und er musste einige Rückschläge hinnehmen. Seine größte Niederlage erlebte er im Jahr 1571, als er vor den Mongolen aus Moskau fliehen musste und die Stadt niedergebrannt wurde. Auch gegen die Polen und Schweden musste er Niederlagen hinnehmen. Mehr „Erfolge" sollte er im Krieg gegen die eigene Bevölkerung erringen. Da ihn immer noch der frühe Tod seiner Mutter quälte, suchte er am Hof nach noch lebenden Schuldigen. So wurde eine der Hofdamen, die wahrscheinlich am Tod der Mutter völlig schuldlos war, schließlich zum Opfer auserkoren. Iwan beschuldigte sie der Hexerei, ließ ihre fünf Söhne grausam töten und sie dann zu Tode foltern.

Das Privatleben des Zaren war reichlich bizarr, denn er heiratete innerhalb von neun Jahren fünf Frauen, die er nach einiger Zeit verstieß und ins Kloster abschob, einige verstarben unter mysteriösen Umständen. Später sollte er in einem Wutanfall seinen älteren Sohn mit einer Keule erschlagen. Damit gab es nur mehr seinen zweiten Sohn, den geistig behinderten Fjodor, als Thronfolger. Iwan dürfte auch seine schwangere Schwiegertochter wegen zu freizügiger Kleidung mit dem Stock geschlagen haben, wodurch sie ihr Kind verlor.

Insgesamt war Iwan für neun Massakerwellen in Russland verantwortlich. Die „Opritschniki", die Spezialtruppe des Zaren, deren Mitglieder gleichzeitig Spione, Richter und Henker waren und deren Zahl bald auf 15.000 Personen anwuchs, verbreiteten Angst und Terror im ganzen Land. Es begann eine wahre „Feuersbrunst der Grausamkeit", wie der zeitgenössische Fürst Andrej Kurbski schrieb. Als sich 1569 die Bewohner der nordrussischen Stadt Nowgorod in ihrer Verzweiflung an den König von Schweden wandten und Hilfe erbaten, reagierte Iwan sofort. Er ließ Nowgorod von seinen Opritschniki umzingeln und alle angesehenen Bürger niedermetzeln und verbrennen. Ihre Frauen und Kinder wurden gefesselt in den Wolchow geworfen, tauchten sie wieder auf, erschlugen Iwans Schergen sie mit Fischerhaken und Beilen. Zu jener Zeit begann das Volk, ihn „Grosny“ (den Schrecklichen) zu nennen.

Die Wut des Zaren richtete sich völlig unkontrolliert gegen jedermann. Dass er große eiserne Pfannen schmieden ließ, um Menschen darin lebendig zu braten, ist vielleicht nur ein Gerücht, zeigt aber, welche Gräueltaten man ihm zutraute. Seinen getreuen Kanzler Iwan Wiskowati ließ er bei lebendigem Leibe von seiner Garde zentimeterweise zerstückeln. Gelegentlich legte er auch selbst Hand an. Als im Juli 1564 der junge Fürst Dmitri Obolenski einige tadelnde Worte in den Raum gestellt hatte, ergriff Iwan ein Messer und stieß es ihm ins Herz. Der deutsche Reisende Peter Petrejus berichtete: „Einmal ließ er einen Fürsten in ein Bärenfell einnähen und auf das Eis bringen. Als seine großen Hunde den vermeintlichen Bären in Stücke rissen, erlustigte der Zar sich so sehr, dass er vor Freude nicht wusste, auf welchem Bein er stehen sollte.“

In seinen letzten Jahren ging es mit Iwan gesundheitlich stetig bergab. Wie später bekannt wurde, hatte er offenbar 20 Jahre an der Syphilis gelitten, was aufgrund seines hemmungslosen Sexuallebens, das er schon mit 13 Jahren begann, auch nicht verwundert. Dazu gesellten sich andere Leiden wie Wassersucht und Arthritis, die wohl auf die Syphilis zurückzuführen war. Zuletzt konnte er sich kaum mehr bewegen. Der Zar wirkte angeblich wie ein Greis und soll manchmal einfach geweint haben. Daneben verschlimmerten sich seine Depressionen. Außerdem hatten Astrologen bereits seinen Tod angekündigt, was den Zaren in große Wut und auch Angst versetzte.

Am 18. März 1584 starb Iwan der Schreckliche unter merkwürdigen Umständen. Er soll anlässlich eines Schach- oder Damespiels plötzlich kollabiert sein. Angeblich erwürgte ihn dann der spätere Herrscher Russlands, Boris Godunow, gemeinsam mit einem Komplizen. Somit wäre Iwan Opfer eines Mordkomplotts gewesen, dessen führender Geist Boris Godunow war, dessen Schwester den geistig behinderten Fjodor geheiratet hatte. Offenbar wollte Iwan kurz vor seinem Ende noch eine englische Prinzessin heiraten, und die Verschwörer befürchteten, dass sie dann keinen Einfluss mehr auf Fjodor haben würden und die Engländer am Hof das Sagen hätten. Ob diese Geschichte stimmt, muss offenbleiben, denkbar wäre sie aber. Andererseits kann der schreckliche Zar angesichts seiner Leiden auch eines „natürlichen" Todes gestorben sein.

Man begrub Iwan auf eine seltsame Weise, indem man seine Finger zu einer Segensgeste faltete und ihn in dieser Stellung einsargte. Als man 1963 die Gruft mit seinen Gebeinen öffnete, fand man in seinen merkwürdig deformierten Knochen extrem hohe Quecksilberkonzentrationen. Dieses wurde über Jahrhunderte zur Behandlung der Syphilis eingesetzt. Das Einzige, was Iwan der Welt hinterließ, waren sein schauderhafter Ruf, mehrere prunkvolle Kathedralen, einen geistig behinderten Sohn und einen fast 30 Jahre währenden Bürgerkrieg um seine Nachfolge.

In diesem Fall könnte man konstatieren, dass ein krankheitsbedingt früheres Ableben dieses Regenten dem Land vielleicht manches erspart hätte. Vor allem, wenn Iwan bereits verstorben wäre, bevor er seinen Sohn und eigentlichen Thronfolger erschlug.

Erzherzog Otto (1865–1906) war ein Ausgestoßener, das „schwarze Schaf" seiner Familie und starb einen elenden Tod. Dabei galt der Habsburger Erzherzog, genannt „Bolla" oder „der Schöne", einst als optischer Vorzeigeprinz, er war leutselig, stets gut gelaunt und weltoffen. So mancher dachte, dass er wohl einen besseren künftigen Kaiser abgeben würde als sein älterer und unbeliebter Bruder Franz Ferdinand.

Doch die anderen Seiten Ottos waren sein dandyhaftes Verhalten, seine Vorliebe für Alkohol, Prostituierte und Damen „niederen Ranges", mit denen er einige uneheliche Kinder produzierte. Ottos offizielle Gemahlin Maria Josepha von Sachsen (1867–1944) litt viele Jahre lang unter seinen Eskapaden und den vielen Demütigungen, denen sie dadurch ausgesetzt war. Sie schenkte ihm dennoch zwei Söhne, von denen Karl der letzte Kaiser aus dem Hause Habsburg werden sollte.

Als er durch die Lungenerkrankung und das fast schon erwartete Ableben Franz Ferdinands für einige Zeit als Thronerbe gehandelt wurde, hatte der haltlose Lebemann eine Heidenangst vor dieser Rolle. Otto wurde aber niemals Kaiser, da der alte Franz Joseph und sein eigener Bruder Franz Ferdinand ihn um einige Jahre überleben sollten. Was zu jener Zeit niemanden verwunderte, war der Umstand, dass es der lebenshungrige Erzherzog ab 1900 nicht mehr verbergen konnte, an Syphilis zu leiden.

Bei Otto wirkte sich die Krankheit besonders gravierend aus. Sein ehemals sehr schönes Gesicht begann sich in eine hässliche Fratze zu verwandeln. Schließlich fiel ihm die Nase sogar ganz ab und er erhielt eine Nasenprothese. Er musste schließlich sein geliebtes Schloss Schönau verlassen und wurde in einer Villa in Wien-Währing untergebracht. Hier siechte er nun unter Ausschluss der Öffentlichkeit vor sich hin. Helfen konnte ihm eigentlich niemand, ein brauchbares Medikament ließ noch einige Jahre auf sich warten.

Kaum einer in der Verwandtschaft wollte den auf schreckliche Weise sterbenden Skandalprinzen sehen. Nur zwei aufopferungsvolle Frauen kümmerten sich um ihn, eine davon war seine trotz aller Demütigungen treue Gemahlin. Eine Krankenschwester ergriff die Flucht, weil sie den Gestank des sich quasi auflösenden Erzherzogs nicht mehr ertrug.

Da er kaum mehr atmen konnte, erhielt Otto einen Luftröhrenschnitt und bekam eine Kanüle in den Hals. Nun konnte er kaum mehr verständlich sprechen, konnte nur noch sitzen und drohte zu ersticken, sobald sein Kopf nach vorne fiel. Der Siechende benötigte rund um die Uhr Pflege, an seinem ganzen Körper brachen Wunden auf, deren Wundbrandgestank das Krankenzimmer erfüllte. Am 1. 11. 1906 erlitt Otto einen schlimmen Erstickungsanfall, der herbeigerufene Arzt kam zu spät und der ehemals schönste Prinz aus dem Hause Habsburg starb mit 41 Jahren.

Erzherzog Otto von Habsburg war nur einer von vielen Angehörigen des Hochadels, die genauso wie der gemeine Mann an der schrecklichen „Lustseuche" Syphilis starben. Ihr Tod verlief nicht immer so spektakulär wie jener des schönen Prinzen, da die Seuche eine Vielzahl von Gesichtern hat und den Körper in vielfacher Weise zerstören kann. So mancher frühzeitige Syphilistod eines Herrschenden oder seines potentiellen Nachfolgers hatte sicherlich Auswirkungen auf die Geschichte, da dadurch die historische Entwicklung beeinflusst wurde. Und so manche der aus heutiger Sicht kaum nachvollziehbaren Entscheidungen oder Taten einiger Herrscher wird erklärbar, wenn man sie unter dem Aspekt der oft durch die syphilitische Erkrankung erfolgenden Persönlichkeits- und Verhaltensveränderungen betrachtet.

Es gibt Menschen, die halten **Friedrich Nietzsche** (1844–1900) für den größten Philosophen der Geschichte. Er ist meiner Meinung nach zumindest der unterhaltsamste. Der bedeutende Mann wurde auch ein Opfer der heimtückischen Syphilis. Die von der Kirche als „Strafe Gottes“ interpretierte Seuche gilt gemeinhin als Folge eines ausschweifenden Sexuallebens, was aber auf Nietzsche kaum zutraf.

Der Philosoph unterschrieb seine letzten Briefe mit „der Gekreuzigte“ und „Dionysos“ und dämmerte die letzten elf Jahre seines Lebens dement vor sich hin. Der Erfinder des „Übermenschen“ hatte einen Vater, der in verhältnismäßig jungen Jahren vermutlich an Syphilis starb. Auch Nietzsches jüngerer Bruder starb unter Umständen, die auf die Krankheit hinweisen. Man sprach von „Erbsyphilitis“, welche sich bei Friedrich erst in späteren Jahren fatal auswirkte.

Auch wenn manche Biographen verschiedene Symptome syphilitischen Wahnsinns bei Nietzsche schon zuvor entdeckt haben wollen, so ist der eigentliche „Turning Point“ wohl ein Morgen im Januar 1889, als der Philosoph bei einem Spaziergang in Turin ein Kutschenpferd umarmte, das von seinem Besitzer geschlagen wurde. Er konnte das Tier nicht loslassen und schluchzte hemmungslos. Dann brach er zusammen. Man muss allerdings darauf hinweisen, dass es Zweifel am Wahrheitsgehalt dieser Geschichte gibt, obwohl sie vielfach tradiert wurde. Jedenfalls war der große Philosoph nach diesem Ereignis nur mehr ein Schatten seiner selbst und wurde rasch zum Pflegefall. Nach elf Jahren unter der dominanten Obhut seiner Schwester sollte er schließlich völlig umnachtet sterben. Auch wenn in letzter Zeit die Vermutung geäußert wurde, dass Nietzsche vielleicht gar nicht an der Syphilis erkrankt war, sondern an einem anderen Leiden litt, so gibt es diese einschneidenden Erlebnisse wie jenes mit dem Pferd auch bei anderen Persönlichkeiten, bei denen der syphilitische Wahn ziemlich plötzlich ausbrach. Die Karriere eines großen Philosophen wurde damit jedenfalls drastisch beendet und niemand weiß, welche gewaltigen Werke damit ungeschrieben blieben.

Auch wenn es heute durch neueste archäologische Funde so scheint, als hätte es die Syphilis bereits schon sehr lange in Europa gegeben, so wurde sie erstmals nach der „Entdeckung“ Amerikas als sexuell übertragbare Krankheit beschrieben. Den Namen „Franzosenkrankheit“ verdankte sie hunderten französischen Soldaten, die während der Belagerung Neapels im Jahr 1495 daran verstarben. Später dürfte sie sich rasch in ganz Europa verbreitet haben. Es war ein italienischer Arzt, der 1530 ein Gedicht verfasste, in dem ein sexbesessener Hirte namens Syphilus die Krankheit als Strafe für seine Obsession erhielt. Damit war auch die Bezeichnung für die „Lustseuche“ geboren.

Lange Zeit konnte man nicht zwischen Syphilis und Tripper unterscheiden, beides wurde „Lues“ genannt.

Die Liste der nachweisbaren und vermuteten Opfer der Syphilis ist endlos lang. Bedeutende Herrscher wie Ludwig XIV., Katharina die Große, August der Starke, Heinrich VIII. und Iwan der Schreckliche dürften die Infektion recht lange überlebt haben, auch wenn Letzterer wohl in geistiger Umnachtung starb. Die Krankheit ging in Japan als „Chinesisches Himmelsstrafengeschwür“ in die Geschichte ein. Es wird oft behauptet, dass auch Hitler und Mussolini an der Syphilis litten, was aber schwer beweisbar ist, zumal es ja in ihrer Zeit bereits wirksame Mittel dagegen gab. So soll Hitlers zeitweilige Erblindung in Pasewalk gegen Ende des Ersten Weltkriegs mit Syphilis in Zusammenhang stehen.

Sexuell freizügige „Libertins“ wie Oscar Wilde und Charles Baudelaire dürften mit großer Wahrscheinlichkeit an der Syphilis gelitten haben. Das trifft wohl auch auf Heinrich Heine zu, der damit das Schicksal von Vincent van Gogh und Paul Gauguin teilte. Henri de Toulouse-Lautrec und Édouard Manet sind weitere bekannte malende Syphilisopfer. Auch der opulente Maler des Wiener Historismus Hans Makart beendete seine Leben sehr früh durch die heimtückische Krankheit.

Charles Baudelaire schrieb seine berühmten „Les Fleurs du Mal“ (Die Blumen des Bösen), als er bereits von der Syphilis gezeichnet war. Diese führte dann auch gemeinsam mit seiner Alkohol- und Drogensucht zu seinem frühzeitigen Ableben. Auch in seinem Fall kann man wie bei so vielen anderen die Frage stellen, welche großartigen Werke uns durch seinen frühen Tod entgangen sind.

Es wurde und wird bei vielen prominenten Syphilisopfern immer wieder die Frage gestellt, wo sie sich angesteckt haben könnten. In einigen wenigen Fällen sind die Überträger bekannt. So steckte sich ein „Prominenter" der ganz anderen Art – der Gangster Al Capone – mit allergrößter Wahrscheinlichkeit 1928 bei einer Prostituierten an. Als es dem amerikanischen Rechtssystem schließlich gelang, ihn ins Gefängnis zu bringen, verschlechterte sich der körperliche Zustand Capones zunehmend. Nach seiner Entlassung verbrachte der einstige Unterweltkönig seine letzten Jahre bei seiner Familie in Florida, ehe er 1947 mit 48 Jahren starb.

Es wird vermutet, dass Ludwig van Beethoven durch die Syphilis sein Gehör verlor. Ein weiteres sehr bekanntes Opfer der Seuche war Franz Schubert. Wahrscheinlich infizierte er sich 1823 und entwickelte bald eine größere Anzahl von Symptomen. Die berüchtigten Quecksilberkuren im Wiener Allgemeinen Krankenhaus bewirkten wenig und er wurde zunehmend depressiv. So schrieb er seinem Freund Leopold Kuppelwieser: *„Ich fühle mich als den unglücklichsten, elendsten Menschen der Welt."* Schubert starb schließlich zehn Jahre nach seiner Ansteckung mit der „Lustseuche" an Typhus. Sein durch die Syphilis und die brutalen medizinischen Behandlungsmethoden geschwächter Körper war am Ende. Gerade in seinem Fall scheint es sehr wahrscheinlich, dass er der Welt noch viele großartige Werke geschenkt hätte, falls ihm noch einige Jahre beschieden gewesen wären.

Für die meisten heutigen Menschen ist die Syphilis eine Krankheit, die in ihrem Bewusstsein keinen Raum einnimmt. Sie scheint eine historische Angelegenheit und keine ernsthafte Bedrohung mehr zu sein. Dennoch gibt es heutzutage jedes Jahr tausende Infektionen mit Syphilis und die Krankheit stellt weiterhin eine große Gefahr da, vor allem, wenn sie nicht oder zu spät als solche erkannt wird. Geschwüre an den Geschlechtsteilen werden genauso wie Hautausschläge und Fieber oft nicht ernst genommen. Eine große Gefahr stellt die Syphilis besonders dann dar, wenn es zur „Gehirnerweichung", zur Demenz oder zu Psychosen kommt. Neben zerstörten Gehirnfunktionen drohen auch Blindheit und Taubheit im fortgeschrittenen Krankheitsstadium.

Hinsichtlich der Übertragungswege können wir heute eine große Veränderung feststellen. Während man – bei aller Unsicherheit einer gesicherten Diagnose und der historischen Quellenlage – davon ausgeht, dass Syphilis in der Geschichte vor allem über heterosexuellen Kontakt verbreitet wurde, sind aktuell etwa 85 % der Infizierten männliche Homosexuelle und nur etwa 6 % Frauen.

Heinrich Heine dürfte von der Krankheit schon schwer gezeichnet gewesen sein, als er folgendes Gedicht verfasste:

Erstorben ist in meiner Brust
Jedwede weltlich eitle Lust
Schier ist mir auch erstorben drin
Der Hass des Schlechten, sogar der Sinn
Für eigne wie für fremde Not
Und in mir lebt nur noch der Tod.

DAS UNERWARTETE STERBEN GROSSER HOFFNUNGSTRÄGER

„Der Tod eines Mannes ist eine Tragödie, aber der Tod von Millionen nur eine Statistik."

Josef Stalin (1878–1953)
sowjetischer Diktator

Die kleine Gemeinde Mayerling im Wienerwald wirkt wenig spektakulär und eher verschlafen. Dennoch geschah dort in den frühen Morgenstunden des 30. Januar 1889 etwas, das den Zeitgenossen als so ungeheuerlich erschien, dass man alles daransetzte, die Wahrheit hinter einem Konstrukt aus Lügen zu verstecken. **Erzherzog Rudolf** (1858–1889), der einzige legitime Sohn und somit Thronerbe von Kaiser Franz Joseph hatte zuerst seine minderjährige Geliebte und dann sich selbst erschossen. So lautet jedenfalls die heute weitgehend akzeptierte Version der Vorgänge.

Doch warum sollte der Kronprinz zu einer derartigen Wahnsinnstat schreiten? War er krank? Es gibt genügend Hinweise darauf, dass er junge Mann, der für viele der Hoffnungsträger der Donaumonarchie war, sowohl körperlich als auch geistig ein kranker Mann war. Man munkelte über die Depressionen des Habsburgers, seinen Alkohol- und Drogenkonsum (Kokain und Morphium) und seine offensichtliche

Sexsucht. Letztere könnte auch nebst anderen „harmloseren“ Geschlechtskrankheiten zu einer Infektion mit Syphilis geführt haben, die aufgrund vieler Indizien als sehr wahrscheinlich erscheint.

Rudolfs Kindheit verlief nicht sehr erfreulich, da sich seine weitgehend auf sich selbst fixierte Mutter Elisabeth wenig um ihn kümmerte und auch sein kaiserlicher Vater (der eigentlich nur ein fantasieloser, bürokratischer Jäger war) ihm wenig Wärme und Aufmerksamkeit schenkte. Später sollte sich das Verhältnis des Kronprinzen zu seinem Vater noch mehr verschlechtern. Der kleine Habsburger verbrachte die meiste Zeit mit seinen weiblichen und männlichen Erziehern, wobei sich ein gewisser Graf Latour als ziemlicher Sadist herausstellte. Er quälte den schwächlichen und sensiblen Knaben durch Schocks, Abhärtetraining und Erniedrigungen, um aus ihm einen „richtigen Soldaten“ zu machen. Die Eltern hatten nichts gegen diese Form der Erziehung einzuwenden, bis Kaiserin Elisabeth schließlich den Spuk doch beendete. Allerdings waren die Spuren dieser Erfahrungen wohl nie mehr aus der Persönlichkeit des heranwachsenden Rudolf zu tilgen.

Man ist sich allgemein darüber einig, dass Erzherzog Rudolf ein sehr intelligenter Junge war, der schließlich durch seine neuen liberalen Erzieher und Lehrer (wie dem berühmten Alfred Brehm) zu wissenschaftlichen Interessen wie der Ornithologie geführt wurde. Gleichzeitig wurde er auch mit dem damals modischen Liberalismus des Bürgertums „infiziert“ und vertrat schon bald Ideen, die in diametralem Gegensatz zu den Ansichten seines Vaters und der Hofgesellschaft standen. Rudolf hasste den Hof, dessen Intrigen und die ständige Beobachtung. Er floh in andere Lebenswelten, wie in die Gesellschaft einer Luxusprostituierten namens Mitzi Kaspar.

1881 wurde er auch noch in eine Ehe mit Prinzessin Stephanie von Belgien gedrängt, die für beide eher unglücklich verlief. Stephanie gebar zwar eine Tochter, ehe sie durch die wahrscheinliche Ansteckung mit der Syphilis unfruchtbar wurde.

Rudolf verfasste unter einem Pseudonym einige Denkschriften für eine liberale Zeitung. Dabei stand er mit seinen „revolutionären“ liberal-bürgerlichen und republikanischen Ideen in extremem Gegensatz zu seinem Vater. Dass er sich auch noch für die Juden einsetzte und den Ausgleich mit Ungarn ablehnte, isolierte ihn zunehmend in seinem Umfeld. Dabei verschlechterte sich analog zu seinem körperlichen auch sein geistiger Zustand. 1888 versuchte er seine Freundin Mitzi Casper zum gemeinsamen Selbstmord zu überreden, doch die lehnte ab. Sie sollte erst Jahre später an der Syphilis sterben. Rudolf fand kurze Zeit später in der labilen und sehr jungen Mary Vetsera die richtige „Gefährtin" für sein Vorhaben.

Die zu jener Zeit sowieso bereits innerlich zerrissene k. u. k. Monarchie wurde von dem Ereignis von Mayerling schwer erschüttert und erhielt schließlich in Franz Ferdinand einen neuen Thronfolger, der allgemein und auch beim Kaiser nicht sonderlich beliebt war.

Ob ein Kaiser Rudolf die habsburgische Monarchie hätte retten können, ist ungewiss. Zumal man bedenken muss, dass er beim Tod seines Vaters 1916 auch bereits 58 Jahre alt gewesen wäre. Und möglicherweise wäre er dann statt Franz Ferdinand 1914 in Sarajewo erschossen worden. Und ob er als Syphilitiker die Zeit bis 1916 überhaupt überlebt hätte, steht noch auf einem ganz anderen Blatt.

Ein anderer liberaler Hoffnungsträger in der zweiten Hälfte des 19. Jahrhunderts war der preußische/deutsche **Kronprinz Friedrich Wilhelm** (1831–1888), der es zumindest noch schaffte – als todkranker Mann –, den Thron zu besteigen. Als Friedrich III. sollte er ganze 99 Tage regieren bzw. vor sich hinsterben. Der Preuße war im Gegensatz zu Erzherzog Rudolf kein haltloser Mensch mit Alkohol- und Drogenproblemen, sondern hatte ein Studium an der Universität von Bonn absolviert und eine umfassende Ausbildung genossen, wozu auch das Militärwesen gehörte. Der spätere Kronprinz (denn zu jener Zeit herrschte noch König Friedrich Wilhelm IV.) kam schon früh mit liberalen Vorstellungen in Kontakt und galt als sehr reformorientiert. Er heiratete auch eine Tochter der britischen Königin Victoria, die seine Einstellung teilte. Als Friedrich Wilhelms Vater 1861 als Wilhelm I. den preußischen Thron bestieg, avancierte der liberale Prinz zum Kronprinzen.

Obwohl er die Politik Bismarcks ablehnte, zeichnete sich Friedrich Wilhelm im Krieg gegen Österreich 1866 militärisch aus und brachte durch sein Eingreifen den Preußen in der Schlacht von Königgrätz den Sieg. Noch größere Erfolge erzielte der Kronprinz als Armeekommandeur im Krieg gegen Frankreich 1870/71. Nach der Kaiserproklamation seines Vaters in Versailles wurde er zum Kronprinzen des neuen Deutschen Reiches. Nachdem in den 1880er Jahren absehbar war, dass die Tage des greisen Wilhelm I. gezählt waren, blickten viele mit großen Hoffnungen auf Prinz Friedrich Wilhelm, von dem man größere Reformen und einen Modernisierungsschub bzw. auch die Entfernung des Reichskanzlers Bismarck erwartete.

Doch litt der Kronprinz seit Anfang 1887 immer mehr unter Heiserkeit. Der starke Raucher wurde schließlich untersucht und man entdeckte Knötchen, die das linke Stimmband befallen hatten. Nach deren Entfernung tauchte ein veritables Geschwulst auf. Als schließlich auch noch Experten aus dem Ausland hinzugezogen worden waren, wurde eindeutig eine Krebserkrankung festgestellt. Der Kronprinz reiste schließlich nach England, um sich behandeln zu lassen, und suchte Linderung im milderen Klima am Mittelmeer.

Friedrich Wilhelm selbst entschloss sich im November 1887 zu einer Tracheotomie, sollte die Situation es erfordern. Als der Eingriff schließlich im Februar 1888 durchgeführt wurde, war der Kronprinz fortan völlig stumm. Nun starb auch noch sein Vater Kaiser Wilhelm I. und er musste dessen Nachfolge antreten. Als neuer Kaiser nannte er sich Friedrich III. Die Regentschaft des großen Hoffnungsträgers dauerte letztlich 99 quälende Tage, ehe ihn der Tod erlöste. Die Zeit hatte gerade ausgereicht, um einige liberale Gesetze zu erlassen, Amnestien auszusprechen und den bei ihm unbeliebten Innenminister zu entlassen. Im „Dreikaiserjahr" erfolgte dann schließlich noch die Thronbesteigung von Wilhelm II. Dieser sollte das eben erst gegründete Kaiserreich schließlich in den Abgrund führen (vgl. auch Seite 82 ff.).

Später wurde behauptet, dass Friedrich III. auch an Syphilis gelitten haben soll. Diese Infektion soll er 1869 bei der Eröffnung des Suezkanals erworben haben, als er eine Affäre mit einer Spanierin hatte. Der darüber informierte Arzt Morell Mackenzie soll das Wissen darüber aber für sich behalten haben. Die Geschichte sollte sich schlussendlich als falsch herausstellen, auch wenn die deutschfeindliche französische Presse darüber genüsslich und ausführlich berichtete.

Arthur Tudor (1486–1502) war die große Hoffnung seiner noch jungen Dynastie. Sein Vater Heinrich VII. hatte 1485 die blutigen englischen Rosenkriege als Sieger beendet und das Haus Tudor sollte von nun an über England herrschen. Als ein Jahr nach dem blutigen Regimewechsel ein Thronfolger geboren wurde, gab es viel Jubel und die Erwartungen waren groß. Da Arthurs Mutter aus dem Hause York stammte, vereinte er das Blut der einst tödlich zerstrittenen Häuser Lancaster und York in sich, galt somit als Person des Friedens und des Ausgleichs. Hofpoeten beschrieben den kleinen Arthur schon als künftigen Friedenskönig, der England in ein goldenes Zeitalter führen würde.

Auch der Name Arthur passte ins Programm, denn damals hielt man die Artuslegende für reale Geschichtsschreibung. Der kleine Prinz sollte also der neue König Artus werden. Der Kronprinz war allerdings zu früh auf die Welt gekommen und dürfte somit ein eher schwächliches Kind gewesen sein. Die großen Erwartungen sollten Arthur sein kurzes Leben lang verfolgen und man verglich auch seine Jugend mit allem, was man diesbezüglich über König Artus zu wissen glaubte.

Arthur erwies sich als sehr intelligentes Kind und lernte schon ab seinem vierten Lebensjahr Lesen, Schreiben und Rechnen. Die Lehrer des Prinzen waren überrascht von ihrem begabten Schüler, der schließlich die Werke von 25 antiken Autoren kannte. Noch ehe der kleine Arthur sein erstes Lebensjahr vollendet hatte, suchte Heinrich VII. nach einer künftigen Gemahlin für seinen Sohn. Da ihm der Geruch des Usurpators anhaftete, schien es geboten, seinen Sohn mit einer wirklich legitimen und unumstrittenen Dynastie zu verheiraten. Die Wahl fiel schließlich auf Katharina von Aragón, die einige Monate älter als Arthur war. Die Spanierin stammte aus dem damals mächtigsten europäischen Königreich, was sowohl für die Tudors als auch das damals wenig bedeutende England eine Rangerhöhung bedeutet hätte. Es wurde vereinbart, dass die künftige Ehe nach Arthurs 14. Geburtstag geschlossen wird. Arthur wurde später angehalten, seiner künftigen Gemahlin „liebliche Briefe" zu schreiben.

Als Katharina 1501 schließlich nach England kam, wurde sie schon ungeduldig erwartet. Arthur schien völlig verzückt, als er seiner Gemahlin zum ersten Mal persönlich gegenübertrat. Die Hochzeit wurde sehr pompös zelebriert und die Menge feierte schließlich den jungen Prinzen als den künftigen neuen König Artus. Nach der Hochzeitsnacht tat der Prinz pflichtschuldigst kund, wie sehr er die erste

Nacht mit seiner Gattin genossen hatte. Nach tagelangen Feiern zog das junge Paar ins Schloss von Ludlow, wo Arthur mit seinem Hofstaat residierte.

Hier erkrankte er allerdings zu Ostern 1502 völlig unerwartet und verstarb bereits am 2. April unter großen Qualen. Es gibt eine Vielzahl von Vermutungen darüber, woran der junge Thronfolger verstorben war. Man tippte auf den damals so gefürchteten „englischen Schweiß", die Pest oder Tuberkulose. In letzter Zeit setzte sich die Vermutung durch, dass die große Hoffnung des Hauses Tudor an Hodenkrebs gestorben war.

Statt eines neuen Artus sollte England schon bald einen Frauenmörder und Psychopathen als König bekommen, denn Arthurs jüngerer Bruder Heinrich wurde nun Kronprinz. Er war aus einem anderen Holz geschnitzt als sein älterer Bruder und erbte schließlich auch die mit 16 Jahren verwitwete Katharina von Aragón. Heinrich VIII. wurde 1509 neuer König und heiratete die Witwe seines Bruders. Die weitere Entwicklung und der extrem problematische Charakter des neuen Königs führten schließlich dazu, dass es einerseits zum Bruch mit dem Papst in Rom kam und die Anglikanische Kirche gegründet wurde und Heinrich andererseits seine Frauen nach Gutdünken wechselte und einige umbringen ließ, abgesehen von seiner sonstigen Schreckensherrschaft. Wahrscheinlich wäre das alles nicht eingetreten, wenn der „neue Artus" König von England geworden wäre (vgl. auch Seite 96 ff.).

„Der größte Kaiser, den Rom nie hatte" – so sieht man **Nero Claudius Germanicus** (15 v. Chr. – 19 n. Chr.), der als Großneffe von Kaiser Augustus dem aktuellen Kaiser Tiberius als Herrscher nachfolgen sollte. Den Beinamen „Germanicus" hatte er sich trotz seiner vielen siegreichen Kämpfe nicht erworben, sondern von seinem Vater geerbt. Bereits der eigentliche Gründer des römischen Kaisertums, Augustus, bestimmte, dass zuerst sein Stiefsohn Tiberius Kaiser werden und Germanicus ihm dann nachfolgen sollte. Nero Claudius heiratete Agrippina, eine Enkelin von Augustus, mit welcher er immerhin neun Kinder haben sollte. Sein Sohn Gaius sollte später als Kaiser Caligula unrühmlich in die Geschichte eingehen.

Das Verhältnis zwischen Kaiser Tiberius und seinem bereits bestimmten Nachfolger Germanicus wurde bereits in römischer Zeit sehr unterschiedlich bewertet.

Einige behaupteten, dass Tiberius den wohl viel fähigeren Germanicus gehasst und gefürchtet habe, während andere ihnen ein eher gutes Verhältnis bescheinigten. Jedenfalls kämpfte Germanicus an der Seite von Tiberius bei der Zerschlagung des „Pannonischen Aufstandes“ und auch bei der Absicherung der Grenze am Rhein nach der Vernichtung der Legionen des Varus. Germanicus bekam im Jahre 13 das Amt des Oberbefehlshabers an der Rheingrenze. Hier musste er nach vom Tod von Kaiser Augustus einen Aufstand seiner Legionen niederschlagen, die eigentlich bereit waren, ihn zum Kaiser auszurufen. Doch Germanicus wollte gegenüber Tiberius loyal bleiben, um einen neuerlichen Bürgerkrieg zu verhindern.

Er begann ab dem Jahr 14 mit den später als „Germanicus-Feldzügen“ bezeichneten Unternehmungen jenseits des Rheins, bei denen es sich um Vorstöße in großem Maßstab gegen verschiedene germanische Stämme handelte. Diese Unternehmungen verliefen für das Imperium auf den ersten Blick meist zufriedenstellend und brachten Siege über die Chatten, einen Vorstoß zur Ems und zu jenem Schlachtfeld, auf dem noch immer viele Überreste der drei Legionen des Varus lagen. Ein durchschlagender Erfolg blieb aber aus. Fast wären vier von einem Unterbefehlshaber geführte Legionen bei der Schlacht an den Pontes longi (vermutlich Kalkriese bei Bramsche) sogar vernichtet worden. Außerdem erlitten zwei weitere Legionen, die entlang der Nordseeküste vordrangen, bei einer Sturmflut schwere Verluste.

Im Jahre 16 wagte Germanicus einen Vorstoß über die Weser, wobei es zu einer Schlacht gegen den Sieger über Varus, Arminius, kam, die keinen eindeutigen Sieger erbrachte. Der römische Heerführer musste beim Rückzug noch ein weiteres, diesmal erfolgreicheres Gefecht bestehen. In der Nordsee kam es für die Römer allerdings zu großen Verlusten, weil ein Großteil der dorthin entsandten Eroberungsflotte Opfer eines heftigen Sturmes wurde.

Nüchtern betrachtet kann man feststellen, dass Germanicus über zwei Jahre mit insgesamt acht Legionen in Germanien operierte und auch einige Siege errang, aber die germanische Koalition des Arminius nicht wirklich besiegen konnte. Daran war bereits der König der Markomannen, Marbod, mit einer riesigen Armee gescheitert. Der in Rom überaus populäre Feldherr Germanicus, der so lange gegen die gefürchteten Germanen kämpfte, konnte sein Ziel, „Rache für Varus" zu nehmen, somit letztlich nicht erreichen und Kaiser Tiberius räumte sogar ein, dass die Römer oft „furchtbare" Verlust erlitten hätten. Obwohl weder die drei in der Varusschlacht verlorenen Legionsadler zurückgebracht werden konnten noch es zu einer Unterwerfung der germanischen Stämme kam, waren viele Römer von ihrem „großen Feldherrn" Germanicus recht angetan.

Letztlich ging eine andere Strategie der Römer auf, wobei es nicht ganz sicher ist, ob Tiberius oder Germanicus die Idee dazu hatte. Man überließ die Stämme der Germanen nämlich sich selbst, anstatt sie mit hohen Verlusten in ihren unwegsamen Gebieten zu bekämpfen. Und da es nach dem wahrscheinlich nicht ganz natürlichen Tod des Arminius unter ihnen zu schweren Auseinandersetzungen kam, bei denen sich besonders die Cherusker weitgehend selbst ausschalteten, löste sich das „germanische Problem" letztlich quasi von selbst.

Als Germanicus nach Rom zurückkehrte, wurde er gebührend gefeiert und die Römer lagen ihm zu Füßen. Man war sich sicher, dass er im Gegensatz zu dem eher unbeliebten Tiberius ein sehr großer Herrscher werden würde. Germanicus' Beliebtheit erstreckte sich über das gesamte römische Reich. Sein Wesen wurde als sehr positiv beschrieben und stand damit im Gegensatz zu dem griesgrämigen und launischen Kaiser Tiberius.

Dieser sandte seinen designierten Nachfolger schließlich in den Osten des Reiches. Germanicus reiste über Griechenland, wo er gerade zu den Olympischen Spielen von 17. n. Chr. ankam. Er siegte dort mal eben im Wagenrennen, wobei nicht ganz klar ist, ob man ihn nicht wie später Kaiser Nero gewinnen ließ. Über Syrien ging es weiter nach Ägypten. Da es ein Gesetz gab, welches das Betreten des Landes am Nil von einer Erlaubnis der Senatoren abhängig machte und Germanicus über eine solche nicht verfügte, soll Tiberius darüber sehr verärgert gewesen sein. Als Germanicus nach Syrien zurückkehrte, wurde er in Antiochia plötzlich schwer krank und starb zum Entsetzen aller ziemlich schnell. Rasch verbreitete sich das Gerücht, dass Gnaeus Calpurnius Piso, der Statthalter von Syrien, ihn vergiftet habe, da er bekanntermaßen Streit mit Germanicus hatte. Interessanterweise ließ man Piso daraufhin in Rom fallen und er „musste" sich das

Leben nehmen. Germanicus erhielt ein pompöses Begräbnis und die Trauer im Reich über den Tod des großen Hoffnungsträgers war ziemlich groß.

Wie immer es auch um die Fähigkeiten des Germanicus stand, seine Erfolge als Heerführer waren weit überschaubarer als die Öffentlichkeit glaubte. Dennoch erfreute er sich im gesamten Reich großer Beliebtheit. Rasch entstanden viele Ehrenmonumente und er ging als verhinderter großer Kaiser in die Geschichte ein. Inwieweit Kaiser Tiberius etwas mit seinem Tod zu tun hatte, wie mitunter suggeriert wurde, muss offenbleiben. Wenn er Germanicus hätte loswerden wollen, hätte er schon vorher dazu Möglichkeiten gehabt, ihn im fernen Syrien töten lassen, wäre logistisch weit schwerer zu organisieren gewesen. Als allerdings Agrippina, der Witwe des Germanicus, öffentlich behauptete, dass Tiberius ihren Gatten vergiften ließ, ordnete der Kaiser die Ausschaltung der Germanicusfamilie an, der aber dessen Sohn Caligula entging.

Die Geschichte des römischen Reiches zeigt auch immer wieder, dass sich große Hoffnungsträger, die dann den Cäsarenthron bestiegen, oft zu Tyrannen und regelrechten Monstren entwickelten, wenn man etwa an Caligula oder Nero denkt. Insofern kann man nicht sicher davon ausgehen, dass ein Germanicus tatsächlich der große Kaiser geworden wäre, den man in ihm gesehen hatte.

FELDHERREN SCHEITERN AN SEUCHEN

„Ein Gastgeber ist wie ein Feldherr: Erst wenn etwas schiefgeht, zeigt sich sein Talent.“

Horaz (65 v. Chr. bis 8. n. Chr.)
römischer Dichter

Manchmal mutet uns der Ausgang von Kriegen und Kriegszügen seltsam und unerwartet an, weil wir einen wesentlichen Faktor, der das Kriegswesen bis zur Mitte des 19. Jahrhunderts wesentlich prägte, nicht in Betracht ziehen: Krankheiten und Seuchen. Durch sie starben über Jahrtausende hinweg meistens mehr Soldaten als durch die Einwirkung von Waffen. So mancher Krieg wurde durch Seuchen entschieden, denn sie konnten Kriege zum Stillstand bringen bzw. auch über den Sieg oder die Niederlage entscheiden.

Das wohl opferreichste und vielleicht auch folgenschwerste Ereignis dieser Art war der Einfluss von Seuchen und Krankheiten aller Art auf die Eroberung Amerikas durch die Europäer. Als die Spanier unter Hernán Cortés 1520 die Pocken nach Mexiko brachten, begann der Untergang des aztekischen Großreichs. Was die relativ kleine Anzahl von spanischen Eroberern mit Waffengewalt nicht zustande bringen konnte, erledigte die Seuche rasch und konsequent. Als Cortés mit seinen Spießgesellen schließlich die aztekische Hauptstadt Tenochtitlan einnehmen konnte, betrat er eine untergehende Stadt voller Leichen und Sterbender. Man nimmt an, dass allein die Pocken in Mexiko etwa 8 Millionen Opfer forderten. Dazu kamen aber noch einige weitere Krankheiten, gegen die die Einheimischen keine Abwehrkräfte besaßen.

Der spanische Arzt Francisco Hernandez de Toledo schrieb im Jahr 1576 über eine grauenhafte Krankheit: Zuerst litten Betroffene unter Kopfschmerzen, Fieber und Schwindel, dann wurde ihre Zunge schwarz, sie krümmten sich vor Schmerzen in Bauch und Brust und trockneten aus. Zuletzt wurden Kopf und Hals von Beulen befallen und sie begannen aus Mund, Nase und Augen zu bluten. Dann dauerte es nicht mehr lange und sie waren tot. Die „Cocoliztli" genannte Krankheit besaß eine extreme todbringende Wirkung und verlief sehr schnell. Sie vollendete das Werk der Pocken und trug dazu bei, dass die Bevölkerung Mexikos zwischen 1520 und 1600 von 22 Millionen auf eine Million sank. Derartiges ist historisch gesehen ziemlich einmalig.

Oft erreichten die Krankheiten der Europäer gewisse Gebiete schon, bevor die Eroberer in sie einfielen. Ehe der Konquistador Francesco Pizarro die Inka in Peru erreichen konnte, hatten die Pocken bereits ganze Arbeit geleistet. Mehrere Inkaherrscher waren in rascher Folge an ihnen gestorben und auch die Bevölkerung war schon ziemlich dezimiert. So konnten die brutalen Eroberungen mit einigen hundert Mann erst wirklich gelingen.

Letztlich wurde ganz Mittel- und Südamerika durch die von den Eroberern mitgebrachten Krankheiten massiv entvölkert. Neben den Pocken verrichteten die Masern, Typhus und die Grippe ihr todbringendes Werk an den Ureinwohnern, die dagegen keine Abwehrkräfte besaßen. In Nordamerika, das wesentlich dünner besiedelt war, ereignete sich Ähnliches etwas zeitversetzt. Die Franzosen und dann die Engländer sorgten hier auf die gleiche Weise für die Auslöschung der indigenen Kulturen am Mississippi und in Kalifornien.

Die Eroberung des amerikanischen Doppelkontinents wäre ohne die importierten Seuchen und Krankheiten durch die Europäer nicht so leicht möglich gewesen, da die Eroberer den Ureinwohnern allein schon zahlenmäßig deutlich unterlegen waren. Das war vielen europäischen Eindringlingen auch bewusst, und besonders in Nordamerika wurden daher z. B. Pockenerreger auch gezielt gegen die indigene Bevölkerung eingesetzt, um sie zu dezimieren.

Man nimmt heute an, dass letztlich etwa 90 Prozent der Ureinwohner Amerikas an den eingeschleppten Seuchen starben. Das führte dazu, dass große Flächen an zuvor bebautem Land nicht mehr bewirtschaftet wurden und oft der Dschungel zurückkehrte. Es gibt deshalb auch die Vermutung, dass durch diese rasche Veränderung die vielen sich dann ausbreitenden Pflanzen entsprechende Mengen an Kohlendioxid aus der Atmosphäre gezogen haben, was zu einer Abkühlung des Weltklimas führte. Dadurch wurde eventuell auch die „Kleine Eiszeit", die im 17. Jahrhundert ihren Höhepunkt erreichte, zumindest verstärkt. „Klimakatastrophe andersrum" sozusagen.

Natürlich machten auch in der Antike Krankheiten Geschichte. Während des Peloponnesischen Krieges (432–404 v. Chr.) kämpften die beiden Großmächte des klassischen Griechenlands, Athen und Sparta, um die Vorherrschaft. Auch wenn es zu Beginn so schien, als hätten die Athener als Seemacht mit weitaus größeren wirtschaftlichen Ressourcen die besseren Chancen, diesen Konflikt zu gewinnen, fand sich das stolze Athen schließlich vom Feind belagert. Doch die Stadt war gut befestigt und durch eine lange Doppelmauer mit dem wichtigen Hafen verbunden.

Es kam in der Stadt aber zum Ausbruch einer verheerenden Seuche, über die wir durch den griechischen Historiker Thukydides einiges wissen. Jener war selbst daran erkrankt, überlebte aber. Die Seuche raffte ca. 25 Prozent der Bevölkerung Athens dahin, zu ihnen zählte auch der geniale Staatsmann Perikles, was für den Stadtstaat einen sehr großen Verlust bedeutete. Letztlich wurde Athen dadurch auch in seiner Kampfkraft schwer beeinträchtigt. Die Seuche kam in mehreren Wellen 429 und 427/426 v. Chr. Zuletzt dauerte sie etwa ein Jahr. Manche Historiker bzw. Historikerinnen meinen, dass damit auch der Niedergang der klassischen griechischen Kultur begann.

Die „Attische Seuche" oder „Attische Pest", die den Athenern so zusetzte, war eine Epidemie, deren Erreger unbekannt blieb. Thukydides schrieb, dass diese ziemlich plötzlich bei zuvor gesunden Menschen auftrat und sich vom Kopf aus über den ganzen Körper verbreitete. Einem Hitzegefühl im Kopf folgten Rötungen der Augen, Entzündungen in Mund und Rachen, Husten, Heiserkeit und Niesen, was an sich an eine Grippe erinnerte. Später griff die Krankheit auf den ganzen Körper über, der Magen wurde beeinträchtigt, es kam zu schrecklicher Übelkeit und Erbrechen. Schließlich waren die unteren Körperregionen, wie die Geschlechtsteile, betroffen. Krämpfe, Durchfall, heftiger Durst, innere Unruhe, Geschwüre und Bläschen am ganzen Körper folgten. Laut Thukydides starben viele Menschen allein dadurch, dass sich aus Angst vor Ansteckung niemand um sie gekümmert hatte. Aber auch die von Ärzten Betreuten starben fast im gleichen Ausmaß. Die Krankheit befiel auch Tiere. Bei einigen Überlebenden kam es zum Erblinden oder zu neurologischen Schäden.

Um was es sich bei der Attischen Seuche wirklich gehandelt hat, ist unklar, ins Rennen geführt wurden unter anderem eine Frühform der Pest, die Pocken, Milzbrand, Masern, Ebola bis hin zu noch exotischeren Krankheiten. Auch archäologische Funde wie die Entdeckung eines Massengrabes aus jener Zeit lieferten bisher keine befriedigenden Erklärungen.

Malaria war ebenfalls eine Seuchenerkrankung mit großem „historischen Potential". Man nehme etwa den Indienzug **Alexanders des Großen** (356–323 v. Chr.) als Beispiel. Was gegnerische Armeen nicht schafften, dürfte den die Malaria übertragenden Mücken gelungen sein. Vermutlich waren es die Verluste, welche Alexanders Armee durch die Malaria am Indus erlitten hatte, die dazu führten, dass der Rest seiner Leute rebellierte und ihn zur Umkehr zwang. Mit einer gewissen Wahrscheinlichkeit infizierte sich auch Alexander selbst mit der Malaria, der er später nach seiner Rückkehr in Persien erlag. Somit verhinderte sein früher Malariatod eine große Umgestaltung der Welt in politischer und besonders auch kultureller Hinsicht und möglicherweise sogar eine Verschmelzung der Kulturen Europas und Asiens.

In Italien wurde bereits im Altertum vor allem das Gebiet um die Pontinischen Sümpfe südöstlich von Rom von einer Krankheit heimgesucht, die man damals „Wechselfieber" nannte, aber nichts anderes war als die Malaria.

Es wurde viel darüber spekuliert, warum der Karthager **Hannibal** (gest. 247 v. Chr.) nach seinen großen Siegen über die Römer, die er nach seiner spektakulären Alpenüberquerung erringen konnte, nicht auch die Hauptstadt seiner Feinde angriff und einnahm, solange diese massiv geschwächt war. Der US-amerikanische Historiker Timothy Winegard und einige andere Experten haben dafür eine banale Erklärung parat. Winegard schrieb: „*In den Sümpfen in der Umgebung von Rom leben Legionen todbringender Stechmücken, die es mit ganzen Armeen aufnehmen können. Ob in den Punischen Kriegen oder im Zweiten Weltkrieg – Invasionstruppen, die gegen Rom vorrückten, wurden in den Sümpfen der Pontinischen Ebene praktisch bei lebendigem Leib aufgefressen.*" Wurde also der Zweite Punische Krieg (218–202 v. Chr.) in erster Linie von aggressiven Mücken entschieden, die die Malaria übertrugen?

Einige Historiker bzw. Historikerinnen behaupten sogar, die Malaria sei für den Untergang des römischen Reiches verantwortlich. Das mag übertrieben sein, aber das „Wechselfieber" sorgte in einigen Gegenden tatsächlich dafür, dass Menschen ganze Gebiete mieden.

Das brachte allerdings auch Vorteile mit sich. Kaum etwas anderes schreckte Eroberer dann so sehr ab, Italien und besonders Rom anzugreifen. Und wer es dennoch wagte, musste oft genug mit dem Tod rechnen. So fiel der Westgotenkönig Alarich, der Rom sogar erobert hatte, kurz darauf der Malaria zum Opfer, genauso erging es später dem Ostgotenkönig Theoderich, der in Ravenna an der Malaria starb.

Im Mittelalter waren die Malariaepidemien um Rom gefürchtet. Die deutschen Könige, die sich zum Kaiser krönen lassen wollten, mieden bewusst den Sommer, wenn sie in Richtung Ewige Stadt aufbrachen. Nach Rom mussten sie allerdings, denn nur die Päpste hatten die Macht und das Recht, sie zum Kaiser zu ernennen.

Kaiser Heinrich III. schließlich wollte diesem Problem ein Ende bereiten und ernannte 1046 den deutschen Bischof Suitger von Bamberg als Clemens II. zum Papst. Doch schon ein Jahr später starb Clemens II., vermutlich an Malaria. Nicht anders erging es seinen deutschen Nachfolgern. Zwischen 1046 und 1057 starben nacheinander vier deutsche Päpste – höchstwahrscheinlich alle an Malaria.

Im Jahre 1167 ereignete sich vor den Toren Roms eine „Katastrophe", die den vielleicht bedeutendsten Herrscher des deutschen Mittelalters in seine Schranken wies und die Weichen für die weitere Entwicklung Europas stellen sollte. Kaiser Friedrich I. „Barbarossa“ (1122–1190) schien sich auf dem Höhepunkt seiner Macht zu befinden, als er in Gesellschaft seines genialen Reichskanzlers Rainald von Dassel, Architekt seiner bis dato erfolgreichen Politik, 1167 vor der aufsässigen Stadt Rom eintraf. Es galt bei diesem vierten Italienzug des Staufers, auf der unbotmäßigen Halbinsel endlich reinen Tisch zu machen und die Reichsgewalt in Italien wiederherzustellen. Außerdem wollte Friedrich das Schisma in der katholischen Kirche zu seinen Gunsten beenden und Papst Alexander III. durch seinen Kandidaten Paschalis ersetzen. Es kam zu Kampfhandlungen zwischen den Deutschen und dem Aufgebot der Römer, die rasch zugunsten der kaiserlichen Ritter entschieden waren. Die Römer mussten sich über den Tiber zurückziehen und verschanzten sich in einigen befestigten Kirchen. Friedrich Barbarossa ließ an zumindest einem der Gotteshäuser Feuer legen, um die darin Verschanzten herauszutreiben. Dies wurde ihm später als Gottesfrevel ausgelegt und so mancher sah darin die Ursache für das große Unheil, das sich bald ereignen sollte.

Doch zunächst schien dieses Vorgehen sehr erfolgreich und der Kaiser konnte seinen Favoriten Paschalis zum neuen Papst inthronisieren und seine mitgereiste Gemahlin zur Kaiserin krönen lassen. Die besiegten Römer waren zu gerne bereit, dem neuen Papst die Treue zu schwören, während Alexander III. die Flucht ergriff. So weit schien alles im Sinne der kaiserlichen Machtpolitik zu laufen und Barbarossa bereitete sich darauf vor, wieder abrücken zu können, um sich seinem nächsten Ziel zu widmen: das Normannenreich im Süden Italiens, mit dem er ebenfalls abzurechnen gedachte. Doch ziemlich plötzlich ereignete sich Unvorstellbares. Immer mehr Soldaten des Kaisers und selbst engste Berater erkrankten plötzlich und wurden wie die Fliegen dahingerafft. Das imposante Heer wurde in einem Ausmaß dezimiert, das niemand für möglich gehalten hatte. Einige Zeitgenossen sahen darin ein Strafgericht Gottes, weil sich das kaiserliche Heer an Kirchen vergangen hatte. Besonders tragisch war für Barbarossa dabei der Tod seines engen Ratgebers und Vertrauten Rainald von Dassel. Es blieb dem Kaiser letztlich nichts anderes übrig, als den ganzen Feldzug kurzerhand abzubrechen und mit den Resten seines Heeres Rom zu verlassen.

Das bedeutete den Wendepunkt in der Politik des Kaisers. Alle bisherigen Anstrengungen waren umsonst gewesen und Barbarossa konnte seinen Plan, ein zusammenhängendes, vom deutschen Kaiser regiertes Gebiet in Oberitalien zu schaffen, endgültig begraben. Italien blieb weiterhin ein Territorium, über das die Staufer nur nominell herrschen konnten. Der Kaiser musste sich stattdessen vermehrt der Absicherung seiner königlichen Macht jenseits der Alpen widmen. Letztlich sollte die Dynastie der deutschen Staufer ein Jahrhundert später wieder an und in Italien scheitern. Der finale Punkt dabei war die Hinrichtung Konradins 1268 in Neapel.

Es gab und gibt einige Spekulationen darüber, welcher verheerenden Seuche die Armee des Stauferkaisers vor den Toren Roms zum Opfer gefallen sein könnte. Wurde in früheren Quellen oft von der Pest gesprochen, so geht man heute überwiegend davon aus, dass es sich um eine besonders aggressive Form der Malaria gehandelt hat. Zum einen galt die Region um Rom ohnehin als malariaverseucht, zum anderen lag im August 1167 ein besonders feuchtes und gleichzeitig drückend heißes Klima über der Stadt, was der Malariamücke beste Lebens- und Brutbedingungen bot. Und zusätzlich waren die deutschen Ritter auch nicht gerade dafür bekannt, es mit der Hygiene besonders streng zu nehmen. Denkbar wäre aber auch eine Ruhrepidemie, was gut zu einigen der in den zeitgenössischen Quellen beschriebenen Symptomen passt. Letztlich wird sich das wohl kaum jemals wirklich klären lassen. Faktum ist, dass auch in diesem Fall eine Krankheit massiven Einfluss auf ein militärisches Unternehmen hatte.

Aber nicht nur in Italien grassierte die Krankheit. Noch im 18. Jahrhundert waren sogar einige Gebiete Hollands mit der Malaria verseucht, und auch in Deutschland kam es zu vereinzelten Epidemien. So zum Beispiel in Mannheim, wo sich Friedrich Schiller vermutlich das Wechselfieber zuzog.

Noch gab es keine genaue Vorstellung davon, wie die Krankheit übertragen wurde. Man ging davon aus, dass die Luft für die Verbreitung verantwortlich sei. Die Erreger, so nahm man an, hielten sich in den Sümpfen auf und gingen über die Atemwege auf den Menschen über. So tat man an manchen Orten genau das Richtige: Man ließ die Sümpfe trockenlegen. Die Malariamücke, die Überträgerin des krankmachenden Erregers, braucht diese feuchten Gebiete und findet hier die ideale Brutplatzumgebung.

Im 17. Jahrhundert entdeckten Jesuiten in Südamerika, dass die dort lebenden indigenen Stämme ein Mittel gegen die Malaria verwendeten, das sie „Quina“ nannten, was so viel bedeutet wie Baumrinde. Sie brachten es nach Europa, wo es als „Jesuitenpulver" nach und nach bekannt wurde. Francesco Torti, der auch den Namen „Malaria“ prägte, beschrieb als erster die positiven Wirkungen der Rinde, während die meisten Ärzte zunächst nichts von diesem fremdartigen Medikament hielten. Erst nachdem das Interesse der Wirtschaft an einem wirksamen Mittel gegen Malaria geweckt worden war, wurde die Chinarinde und das aus ihr gewonnene Chinin so wertvoll wie Gold. Erst die Einführung des Chinins als Malariamedikament Anfang des 19. Jahrhunderts ermöglichte dann auch das Vordringen der Europäer ins Innere Afrikas.

Lange Zeit nannte man die Westküste Afrikas „das Grab des weißen Mannes“. Sierra Leone ist auch heute noch ein extrem gefährliches Gebiet, was z. B. Gelbfieber und Malaria betrifft. Die meisten Kolonialbeamten im 19. Jahrhundert erfreuten sich in gewissen westafrikanischen Gebieten einer sagenhaft geringen Lebenserwartung. Das ostafrikanische Pendant dazu stellte wohl Madagaskar dar, das auch heute noch als Hochrisikogebiet für Malaria, Gelbfieber und Bilharziose gilt. Kein Wunder, dass sich im 17. und 18. Jahrhundert die europäischen Piraten auf der Insel verstecken und lange Zeit halten konnten, auch wenn sie dort oft auch nicht sehr alt wurden. Die gesundheitliche Gefahr für die „weißen Männer“ war einer der Gründe, warum im Gegensatz zu den anderen Kontinenten der „Wettlauf um Afrika“ relativ spät einsetzte und die dortigen kolonialen Strukturen am kürzesten währten. Es war wieder der deutsche Reichskanzler Otto von Bismarck – eigentlich kein Freund kolonialer Politik –, welcher 1884 auf der Berliner Kongokonferenz den allgemeinen Rahmen zur Kolonialisierung des schwarzen Kontinents festlegen ließ. Grenzen zwischen den einzelnen Einflussbereichen wurden dabei quasi mit dem Lineal gezogen, Rücksichten auf die einheimische Bevölkerung wurden keine genommen. Mancher „Staatsmann“ betrachtete die von seinen Soldaten in Besitz genommenen Gebiete als rechtefreien Raum, in dem sich wiederholte Genozide abspielten. Sozusagen als kleine „Revanche“ mussten sich die europäischen Invasoren dafür in vielen Gebieten mit todbringenden Krankheiten aller Art herumschlagen.

Für einen der größten und verlustreichsten Feldzüge vor dem 20. Jahrhundert zeichnet der französische Kaiser **Napoleon Bonaparte** (1769–1821) verantwortlich, als er im Jahr 1812 ins russische Reich einmarschierte. Eine Armee in einer bis dahin nicht gekannten Größe, bestehend aus französischen Truppen und Kontingenten vieler „Verbündeter“, die oft nicht wirklich freiwillig dabei waren, sollte die gewaltigen Weiten des Zarenreiches möglichst rasch durchqueren, die Armee des Zaren in einer Entscheidungsschlacht schlagen und Moskau besetzen. Damit wollte der siegreiche Korse klare Verhältnisse schaffen und seine Herrschaft über Europa zementieren.

Es ist hinlänglich bekannt, dass dieses Unternehmen auf ganz schreckliche Weise scheiterte und wohl über einer Million Menschen den Tod brachte. Weniger bekannt ist, dass Krankheiten und Seuchen einen wesentlichen Anteil an diesem Scheitern hatten. Bei der Planung hatten die Generäle und Stäbe Napoleons zwar einiges bedacht, was bei den bisherigen Kriegszügen des Kaisers in Europa weniger Bedeutung hatte. So hatte man sich viel mehr als bisher Gedanken um den Nachschub und die medizinische Versorgung gemacht und schien damit für den langen Marsch gen Moskau perfekt gerüstet zu sein. Doch letztlich erwiesen sich alle Überlegungen als völlig unzureichend.

Nach wochenlangen Märschen erreichten die Soldaten schließlich russisches Territorium. Bald stellte sich aber heraus, dass der Gegner nicht bereit war, sich einer Entscheidungsschlacht zu stellen und dass der Nachschub für die große Masse an Soldaten trotz aller Planung völlig unzureichend war. Es blieb den Eindringlingen also nichts anderes übrig, als zu plündern. Schon bald kam es zu den ersten Fällen von Ruhrerkrankungen, die zu immer größeren personellen Ausfällen führten. Nun erwies sich auch die medizinische Versorgung als völlig unzureichend. „Das ist ein abscheulicher Krieg“, schrieb ein Beobachter schon zu Beginn des Feldzuges. Aber das alles war lediglich ein kleiner Vorgeschmack auf das, was schlussendlich noch eintreten sollte. Damals dachte noch niemand, dass es in einer späteren Phase des Unternehmens sogar zu Kannibalismus unter den Soldaten kommen würde.

Der Autor Manfred Vasold ist der Ansicht, dass der Hauptfeind der riesigen Armee Napoleons nicht die Russen waren, sondern das Fleckfieber. Diese Krankheit, die der Grande Armee so zusetzte, wurde durch die Kleiderlaus übertragen. Die Erkrankten bekamen ein rotes aufgedunsenes Gesicht, es stellte sich hohes Fieber ein, dazu kamen schreckliche Kopfschmerzen. Die Armeeärzte standen dem Ganzen völlig hilflos gegenüber, zumal der Übertragungsweg des Fleckfiebers erst Anfang des 20. Jahrhunderts von dem Franzosen Charles Nicolle entdeckt wurde.

Zudem kann man davon ausgehen, dass die körperliche Verfassung der Soldaten in den napoleonischen Kriegen schon Jahre zuvor nicht mehr die beste war. Dies legen jedenfalls Untersuchungen an menschlichen Überresten in Massengräbern der Schlacht bei Wagram (1809) nahe. Drei Kriegsjahre später wird es kaum besser gewesen sein. Die Männer trugen vielleicht schöne Uniformen, aber darunter befanden sich allzu oft ausgezehrte und von einigen Leiden geplagte junge Männer. Da hatte so mancher Krankheitserreger leichtes Spiel.

Wie viele „große“ Feldherren im Laufe der Geschichte hat sich Napoleon wenig um das gesundheitliche Wohl seiner Soldaten und deren medizinische Versorgung gekümmert. Das wurde ihm während des Russlandfeldzuges auch zum Verhängnis. Und viele jener Soldaten, die die Strapazen des Russlandfeldzugs tatsächlich überstanden, kehrten derart geschwächt zurück, dass sie ihre „Rettung“ nicht allzu lange überlebten.

Als es im Jahre 1866 zum sogenannten „Deutschen Bundeskrieg“ kam, der im Wesentlichen eine Auseinandersetzung zwischen Preußen und Österreich um die Vorherrschaft in Mitteleuropa war, befand sich das militärische Sanitätswesen in einem viel besseren Zustand als in den Kriegen Napoleons. Man konnte Verwundeten bei Bedarf schon mit Betäubung die Gliedmaßen amputieren und auch die Hygiene war auf einem viel besseren Stand als 50 Jahre zuvor. Doch als die Cholera auftauchte, sollte sie mehr Opfer fordern, als alle Schlachten und Kämpfe zusammen.

Nachdem drei preußische Armeen im Juli 1866 bei Königgrätz über die Österreicher und ihre sächsischen Verbündeten siegreich gewesen waren, mussten sich die Divisionen Kaiser Franz Josephs zurückziehen. In der preußischen Generalität, die sich anfangs nicht ganz sicher gewesen war, ob sie diese Schlacht überhaupt gewonnen hatte, brach eine Art von Euphorie aus und man träumte schon von einem Angriff auf Wien und dessen Eroberung.

Was dabei nicht bedacht wurde, war der Umstand, dass im preußischen Heer bereits seit einiger Zeit die Cholera wütete. Je weiter die siegreichen Armeen nun ich Richtung Niederösterreich und Wien vordrangen, desto schlimmer schlug die Seuche zu. Die Preußen verbreiteten die Cholera dabei auch unter der Bevölkerung in den Gebieten, durch die sie zogen. So starben schließlich weit mehr Zivilisten als Soldaten. In der Wiener „Neuen Freien Presse" war zu lesen: *„Die von der Krankheit ergriffenen Personen bekamen so heftige Krämpfe, dass sie binnen drei Stunden Leichen waren."* Das war zwar etwas übertrieben, traf aber den Kern der Sache.

Je mehr die siegreich vordringenden preußischen Armeen von der Seuche geplagt wurden, desto größer wurden die Zweifel, ob der Endkampf um die österreichische Kaiserstadt so ausgehen würde, wie es sich die preußischen Generäle und auch ihr König vorstellten.

Der preußische Ministerpräsident Otto von Bismarck war ein Mensch, der fast immer sehr realistisch und flexibel dachte. Er hatte diesen Krieg gewollt, um die Frage der deutschen Vorherrschaft endgültig zu losen. Doch nun drohte durch die von der Cholera geschwächten preußischen Truppen eventuell eine Niederlage vor den Toren Wiens und Österreich würde sowieso auf Revanche sinnen. Bismarck als Realist überzeugte letztlich seinen König und die preußische Generalität, den Konflikt mit einem für die Österreicher nicht allzu belastenden Frieden zu beenden und vor allem von einer Eroberung Wiens abzusehen. Ausschlaggebend war für ihn neben politischen Erwägungen auch die in der preußischen Armee wütende Cholera.

Es kam somit zu keiner Siegesparade auf der gerade erst errichteten Ringstraße in Wien, und die Preußen mussten mit dem ländlichen Gänserndorf Vorlieb nehmen. Anschließend kehrten sie in ihre Heimat zurück. Die Armee hatte letztlich um 2000 mehr Soldaten an die Cholera als an den Feind verloren. Die Seuche wütete noch einige Zeit und forderte in Österreich etwa 14.000 Tote. Der deutsche Mediziner Stefan Winkle schrieb: „*Die Eilmärsche der Preußen durch Böhmen und Mähren hinterließen überall die Seuche wie eine Fäkalspur.*" Und: „*Der Feldzug drohte den Charakter eines Seuchenzuges anzunehmen.*"

Der Krieg von 1866 war trotz aller Tragik weit weniger verlustreich als viele militärische Konflikte zuvor. Aber er war die letzte kriegerische Auseinandersetzung in Europa, bei der eine Seuche eine wirklich entscheidende Rolle spielte.

DIE ZITTERNDE HAND DES FÜHRERS – KRANKE DIKTATOREN

„Wäre ich ein Diktator gewesen, würde ich immer noch regieren.“

Augusto Pinochet (1915–2006)
chilenischer General und Diktator

Es gibt wahrscheinlich hunderte Bücher darüber, wie krank **Adolf Hitler** (1889–1945) eigentlich war und an was er alles litt. Man sieht seine letzten filmischen Auftritte in der Zeit des totalen Untergangs und stellt fest, dass er einen greisenhaften Eindruck machte und seine Hand zitterte. Man schrieb ihm Syphilis, Schizophrenie und Drogensucht zu. Heute nimmt man an, dass er an einer Vielzahl von Krankheiten litt und eine Art von Medikamentensucht aufwies.

Hitler wechselte im Laufe seiner Karriere einige Male seinen Leibarzt, aber der letzte, der ihn in den Untergang begleitete, war eine gewisser Dr. Theodor Morell. Diesem Mann, den viele als Scharlatan bezeichneten, vertraute er vollkommen vorbehaltlos. Hitlers Sekretärin Traudl Junge berichtete, dass der „Führer“ irgendwie „regelrecht morellsüchtig“ gewesen sei. Dabei hatte dieser Arzt, der aufgrund seiner mangelnden Körperhygiene regelrecht stank, in weiten Kreisen einen denkbar schlechten Ruf. Hermann Göring mochte den von ihm als „Reichsspritzenmeister“ Bezeichneten überhaupt nicht und General Heinz Guderian nannte ihn einen „unappetitlichen, fetten Kurpfuscher". Man vermutet, dass Morell Hitler von Drogen und Medikamenten abhängig gemacht hat. Inzwischen sind 82 Medikamente bekannt, die Hitler während seiner Herrschaft zu sich nahm. Diese große Anzahl kam durch eine Wechselwirkung zwischen Diktator und Arzt zustande. Morell war immer dazu bereit, alles zu verabreichen, was Hitler irgendwie in den Sinn kam. So wurden ihm hohe Dosen von Vitaminen und Traubenzucker injiziert, da Hitler Kapseln und Tabletten misstraute. Ab 1944 erhielt er das Sexualhormon Testosteron. Dazu kamen noch Extrakte aus der Prostata von jungen Stieren und deren Samenbläschen.

Hitler war auch Hypochonder, der unter anderem eine ziemliche Angst vor Krebs hatte. Sein Blutdruck war zu hoch und ganz besonders seine Verdauung machte ihm zu schaffen, weswegen er angeblich Vegetarier wurde. Zudem litt er unter der Angst, dass ihn andere Menschen mit Krankheiten, wie einer Grippe oder Erkältungen, anstecken könnten. Er nahm ein Medikament gegen Blähungen in so großen Mengen ein, dass einige Ärzte sogar eine Vergiftung befürchteten, da das Mittel auch eine kleine Menge des Giftes Strychnin beinhaltete, welches man unter anderem als Mittel gegen Ratten einsetzte. Im Herbst des Jahres 1944 zeigte der „Führer" die Symptome einer Gelbsucht, woran einige Ärzte Morell die Schuld gaben. Doch Hitler hielt zu seinem Leibarzt und verbannte dessen Konkurrenten. Manche bezeichneten Morell inzwischen als Hitlers „Rasputin".

Morell verschaffte Hitler alles, was dieser an Arzneimitteln einzunehmen wünschte, wie etwa das berüchtigte Pervitin, ein Aufputschmittel der Wehrmacht- und Luftwaffensoldaten. Dieser Vorläufer des heutigen Crystal Meth war damals unter Soldaten sehr weit verbreitet und erhöhte deren Kampfbereitschaft. Auch Kokain soll Hitler eingenommen haben, wobei er damit gut zu seinen oft drogensüchtigen Paladinen wie Göring gepasst hätte. Wie oft Hitler wirklich Pervitin eingenommen hat, ist unbekannt. Es kam zudem noch der Verdacht auf, dass der Diktator an einer verschleppten Gehirnhautentzündung litt, womit man gewisse Charaktereigenschaften, wie seine Neigung zu Wutanfällen, erklären wollte. Bewiesen ist das nicht. Für heutige medizinische Forscherinnen und Forscher scheint indessen festzustehen, dass der Mann aus Braunau sicher an Parkinson litt. Hitlers gesamte

Umgebung konnte dabei dem körperlichen Verfall während der letzten Monate vor dessen Suizid quasi beiwohnen.

Morell kümmerte sich fast bis zum Schluss um seinen Patienten, bis Berlin bereits eingeschlossen war und der Endkampf wütete. Hitler schickte ihn am 21. April 1945, neun Tage vor seinem Selbstmord, weg und empfahl ihm, er solle seine Praxis am Berliner Kurfürstendamm wiedereröffnen.

Das Gehirn eines toten Diktators schaffte es bis nach Wahington, D.C. Das dort beheimatete Pathologische Institut der amerikanischen Armee beherbergte lange Zeit ein Reagenzglas, das mit dem Etikett „BM" versehen war. Darin schwamm ein würfelgroßer weißlicher Teil des Hirns von **Benito Mussolini** (1883–1945). Die Witwe des Diktators, Rachele Mussolini, kämpfte lange darum, diesen Teil des Gehirns ihres Gatten zurückzuerhalten.

Die siegreichen Amerikaner und Italiener, vor allem deren Ärzte und Politiker, interessierten sich sehr für das Gehirn des Mannes, der lange Zeit auch das Vorbild Hitlers gewesen war. Ende April 1945 fand ein Gehilfe des Mailänder Instituts für Gerichtsmedizin die Leiche des Duce in einer Abstellkammer. Die Partisanen, die ihn getötet hatten, hatten ihn dort deponiert. Die Leiche sah entsetzlich aus, denn Mussolini war nach seiner Gefangennahme während seiner Flucht erschossen und anschließend gemeinsam mit seiner Geliebten und anderen getöteten faschistischen Führern auf der Piazza Loreto in Mailand aufgehängt worden. Da die Leichen an den Füßen aufgehängt waren, konnte der Pöbel den Kopf des Diktators so weit zertrümmern, dass er eigentlich unkenntlich war.

Das „Nationale Befreiungskomitee für Norditalien" ordnete schließlich an, dass die Gerichtsmediziner in Mailand die Leiche des Diktators untersuchen sollten, um eindeutig dessen Identität und sämtliche Verletzungen vor und nach seinem Tod festzustellen. Besonderes Interesse des Befreiungskomitees galt der Frage, ob Mussolini vor seinem Tod schwer oder vielleicht unheilbar krank gewesen war, da schon lange das Gerücht existierte, dass der Duce an einer schweren Nervenkrankheit litt, die er sich als Folge einer verschleppten Syphilis zugezogen hatte. Doch die Gerichtsmediziner konnten nichts finden, was darauf hindeutete. Sie fanden nur ein ausgeheiltes Magengeschwür. Der Tod war durch sieben Kugeln einer automatischen Waffe herbeigeführt worden, die seinen Oberkörper durchschlagen hatten.

Man konnte auch das Gehirnvolumen und dessen Kapazität nicht mehr genau feststellen, da durch die Schädelzertrümmerung Teile des Gehirns ausgetreten waren. Man bewahrte aber einen Teil von Mussolinis Hirn für spätere Untersuchungen auf. Nun traten die neugierigen Amerikaner auf den Plan und wollten einen Gewebeteil des Gehirns für eigene Forschungen. Schon bald konnte der zustände US-Captain schriftlich bestätigen, dass er einen Teil von Mussolinis Hirn übernommen hatte. Die Witwe Mussolinis erhielt den Hauptteil der Leiche ihres Mannes übrigens erst zwölf Jahre nach Kriegsende. Die Überreste waren bis dahin in einem Zinkbehälter verwahrt, den man in eine Holzkiste gesteckt hatte. Die Kiste war nur 1,10 Meter lang, hatte eine Breite von 58 Zentimetern und eine Höhe von 48 Zentimetern. Rachele Mussolini schrieb später auf die Kiste: *„Das ist der Sarg, den Dir die Regierung gegeben hat."*

Erst nachdem die Witwe die Überreste ihres Mannes mit eigenen Händen in Leinen eingehüllt in die Familiengruft gebracht hatte, erhielt sie von einem Offizier noch ein weiteres Paket. Es war mit Zeitungspapier umhüllt und enthielt einen Glasbehälter, in dem der Großteil von Mussolinis Gehirn schwamm. Das Institut für Gerichtsmedizin hatte sich endlich von seiner Trophäe trennen können. Als die Witwe erfuhr, dass sich Teile des Gehirns noch in Amerika befanden, ließ ihr das keine Ruhe. Die kämpferische Frau gab an: *„Wenn sie es mir nicht geben, werde ich ein ‚Muster' des Gehirns von Roosevelt anfordern, damit Professor Cattabeni uns sagen kann, ob der Präsident der Vereinigten Staaten im vollen Besitz seiner geistigen Kräfte war, als er das Abkommen von Jalta unterzeichnete."* (zitiert nach „Der Spiegel" 12/1966) Anna Maria, die Lieblingstochter Mussolinis, wurde schließlich dazu auserkoren, das kleine Stück Resthirn ihres Vaters in Amerika abzuholen und nach Italien zurückzubringen.

Der Diktator war von der Propaganda des Regimes immer als Familienmensch, sportlich und sehr gesund dargestellt worden. Das traf letztlich alles nicht wirklich zu. Und so wussten viele Menschen nicht, dass Mussolini beispielsweise an den Folgen einer Verwundung laborierte, die er im Ersten Weltkrieg im Jahr 1917 erlitten hatte. Seine Bewegungsfähigkeit war eingeschränkt und er konnte sich ohne Hilfe nicht einmal die Schuhe anziehen. Zu Beginn des Jahres 1925 wurde er schwer krank und musste viele Wochen das Bett hüten. Er litt an inneren Blutungen, die durch ein Magen- oder Darmgeschwür hervorgerufen wurden, verzichtete aber auf eine Operation. In der Folge tat er es dann dem Vegetarier Hitler gleich und ernährte sich nur mehr von Nudeln, Milch oder Früchten. Zuvor den Zigaretten und dem Alkohol geneigt, verzichtete er nun ganz darauf.

Das funktionierte einige Jahre ganz gut, doch dann traten wieder seine alten Symptome auf und er litt oft unter heftigen Schmerzen. Besondere Schmerzattacken durchlief er während der kritischen Zeit seiner Absetzung 1943. Beobachtern fiel auf, dass er ab Anfang 50 begann, massiv zu altern. Sein eigentlicher physischer und psychischer Niedergang setzte ab 1940 ein. 1943 soll er schon sehr krank ausgesehen haben, mit kahlem Kopf, gelblicher Haut und starker Nervosität. Als deutsche Ärzte ihn im Sommer 1943 untersuchten, stellten sie eine vergrößerte Leber und ein Darmgeschwür fest. Man attestierte ihm eine nur mehr geringe Restlebenszeit. Nur für die immer vermutete Syphilis fand niemand ein Anzeichen. Das bestätigten auch amerikanische Ärzte, die 1945 die Leiche untersuchen durften.

Mussolini hatte viele sexuelle Affären, dennoch stand seine Ehefrau weiterhin zu ihm. Mit Claretta Petacci, die ihn auch in den Tod begleiten sollte, hatte er eine neunjährige Beziehung, was sogar Thema in den BBC-Nachrichten wurde, die verbreiteten, dass der Clan von Mussolinis Geliebten bereits große Teile Italiens „übernommen" hätte. Petacci soll für den Diktator intellektuell keine Herausforderung gewesen sein, aber Mussolini hielt bis zum bitteren Ende an ihr fest. Manche sahen im körperlichen Verfall des Duce und in der Beziehung zu der wenig geistvollen Geliebten eine Parallele zum Verfall und Niedergang des faschistischen Italiens.

Ob und inwieweit die zahlreichen Erkrankungen, unter denen nicht wenige Diktatoren litten, Einfluss auf deren Entscheidungen genommen haben, ist Gegenstand zahlloser Abhandlungen und Vermutungen. Wenn man bedenkt, dass etwa Schmerzen auch immer auf die Grundstimmung eines Menschen wirken, kann man durchaus mutmaßen, dass zumindest Einzelentscheidungen auf Krankheitsauswirkungen zurückgingen. Da Diktatoren der Menschheit per se aber eher selten Positives zukommen lassen, ist es letztlich müßig, über derartige Zusammenhänge zu sinnieren. Jedenfalls besser wäre es gewesen, wenn die Erkrankungen zu einem raschen Ableben dieser Menschen geführt hätten, was leider nie der Fall war. Und selbst wenn dies geschehen wäre, kann man nicht sicher sein, dass potentielle Nachfolger die Geschichte positiver beeinflusst hätten.

ALKOHOLISMUS, SENILITÄT UND ALZHEIMER IN DER POLITIK

„Die Veränderung der Stimmungslage ist das Wertvollste, was der Alkohol dem Menschen leistet, und weshalb dieses ‚Gift' nicht für jeden gleich entbehrlich ist."

Sigmund Freud (1856–1939)
österreichischer Arzt und Psychologe

Alexander der Große (356–323 v. Chr.) wurde nur knapp 33 Jahre alt und gilt dennoch bis heute als der wichtigste Heerführer und Eroberer der Antike. Schon sein Vater König Philipp II. galt als schwerer Alkoholiker, der angeblich jeden Tag betrunken war, und Alexander sollte ihm in nichts nachstehen. Er soll den Wein wie Wasser in sich hineingeschüttet haben. Bis heute sind die Umstände seines frühen Todes unklar, aber der Verdacht liegt nahe, dass sie einiges mit der Alkoholsucht des Welteroberers zu tun hatten.

Alexander entstammte einer ziemlich desolaten Familie mit einem gewalttätigen und ständig alkoholisierten Vater und einer extrem ehrgeizigen und gefühlskalten Mutter. Schon in jungen Jahren soll er sehr feminin gewesen sein und sexuell eindeutig sein eigenes Geschlecht bevorzugt haben, später entwickelte er sich zu einem furchtlosen und eiskalten Krieger mit Neigung zur Gewaltherrschaft.

Erzogen von dem schon damals sehr bekannten Philosophen Aristoteles, wurde Alexander sehr wissensdurstig und neugierig. Schon recht früh wollte er den Helden des trojanischen Krieges nacheifern. Doch vorerst musste er sich als Mann und Krieger bewähren – so wollte es sein Vater. Dabei zeigte Alexander schon früh extremen Mut und große Kaltblütigkeit. Als sich sein Vater erneut vermählte, kam es zum Machtkampf innerhalb der königlichen Familie. Alexander provozierte völlig betrunken einen Streit und verließ den königlichen Hof gemeinsam mit seiner Mutter.

Als Alexanders Schwester im Jahr 336 v. Chr. heiratete, wurde König Philipp II. von einem seiner Leibwächter ermordet. Man vermutete Alexander und seine Mutter als Drahtzieher, zumal der junge König rasch alle weiteren Personen beseitigte, die ihm gefährlich werden konnten. Entschlossen trat er das Erbe seines Vaters an.

Philipp II. hatte seinem Sohn eine sehr schlagkräftige und gefürchtete Armee hinterlassen, und mit dieser brach er im Jahre 334 v. Chr. gegen das Perserreich auf. Die Perser unterschätzten ihren Gegner schwer und erlitten bald die erste bedeutende Niederlage. Alexander ignorierte dabei alle überkommenen militärischen Strategien, was ihn unberechenbar machte und letztlich einen wesentlichen Anteil an seinen großen Siegen hatte. Nachdem er zunächst „nur" Generäle des Perserkönigs geschlagen hatte, besiegte Alexander schließlich deren König Dareios zweimal vernichtend. Quasi nebenbei eroberte er die Küstenregionen des Mittelmeeres bis Ägypten und schreckte auch vor brutalen Massenmorden, wie etwa in Tyros, nicht zurück.

Ob bei dem jungen Eroberer der Macht- oder der Alkoholrausch dominierte, ist unklar, jedenfalls scheint er aber so wie sein Vater jeden Tag betrunken gewesen zu sein. Er begann Städte zu gründen, wie das ägyptische Alexandria, und ließ sich sogar zum Pharao krönen.

Nachdem er die die wichtigen Zentren des riesigen Perserreiches unter seine Kontrolle gebracht hatte, nahm er das bedeutende Babylon in Besitz und ließ die königliche Residenzstadt Persepolis niederbrennen. Während er viel vom orientalischen Zeremoniell übernahm, plante er schon weitere Eroberungen bis in das wenig bekannte Indien. Nach heftigen Kämpfen im heutigen Afghanistan erreichte er den Indus, wo er fast an einem vergifteten Pfeil starb. Eine Meuterei seiner Soldaten zwang ihn schließlich, den Rückzug anzutreten. Der Rückmarsch war sehr verlustreich und kostete vielen seiner Soldaten das Leben.

Zurück in Babylon gab sich Alexander neuen Eroberungsplänen im westlichen Mittelmeergebiet, aber auch dem Alkohol und Orgien hin. Als für ihn völlig überraschend sein Geliebter und Lebenpartner Hephaistion wahrscheinlich an Alkoholvergiftung starb, ging es mit dem Welteroberer selbst rasch bergab. Er trank noch mehr als sonst und sein Verhalten wurde immer unberechenbarer. Er versuchte schließlich, eine fiebrige Erkrankung mit noch mehr Alkohol zu bekämpfen und verfiel in eine Art von Delirium, aus dem er dann nicht mehr richtig aufwachte und nach zwei Wochen verstarb. Manche Autoren bzw. Autorinnen meinen, dass sich bei Alexander schon recht früh gewisse Symptome von akutem Alkoholismus gezeigt hätten: Er duldete keine Kritik, misstraute jedem und auch seinen engsten Freunden gegenüber verhielt sich immer aggressiver. So tötete er in stark betrunkenem Zustand einen seiner besten Freunde wegen eines belanglosen Streits. Immer wieder überkamen ihn Selbstmordgedanken und vielleicht war seine absolute Furchtlosigkeit im Kampf daher auch auf eine gewisse Todessehnsucht zurückzuführen, die vielen Alkoholikern eigen ist.

Bei sehr vielen russischen Herrschern war die extreme Trunksucht evident. Sogar der eher langweilige und bieder wirkende letzte **Zar Nikolaus II.** (vgl. Seite 7 ff.) galt als schwerer Trinker, der schon zum Frühstück Alkohol konsumierte. Zumindest in dieser Beziehung passte er sehr gut zu dem russischen Mönch Rasputin, der seiner Dynastie schließlich zum Verhängnis wurde. Die Vorliebe der meisten Russen für Wodka lässt sich zumindest bis ins frühe 16. Jahrhundert nachweisen, als das Getränk erstmals im Kreml von Moskau destilliert werden konnte (1503). Zuvor musste das „Lebenswasser" teuer importiert werden, wobei es lange Zeit eher als Medizin verwendet wurde. Die erste Moskauer Brennerei diente zunächst nur dem Zaren und seiner Verwandtschaft.

Iwan der Schreckliche (siehe Seite 119 ff.) war dem Wodka ebensowenig abgeneigt, erkannte aber auch, dass die Besteuerung des Getränks viel Geld einbrachte. Nachfolgend wurden die Finanzen des russischen Staatswesens regelmäßig durch Schnapssteuern saniert. Da somit der Alkoholkonsum eher gefördert wurde, hatte das schlimme Auswirkungen auf die Menschen und die Wirtschaft. Die Russen wurden (und werden) daher oft als Volk von Alkoholikern betrachtet.

Zar Peter I. (1672–1725) war der vielleicht heftigste Säufer unter den Zaren, was angesichts der auch sonst üblichen Praxis am Zarenhof schon einiges aussagt. Er betrank sich am liebsten in der Gesellschaft seiner Freunde. Ein Vertrauter des Zaren schrieb: *„Es war sehr ausschweifend. Sie tranken in unvorstellbaren Mengen, drei Tage hintereinander und sie verließen das Haus nicht. Einige tranken so viel, dass sie an Ort und Stelle starben."* Der Zar starb mit 52 Jahren an einem Leberleiden und einem Harnwegsinfekt. Mit ihm starb auch sein Saufklub „Das scherzende, betrunkene Konzil von Narren und Witzbolden", der viele Jahre lang bestanden hatte und bei dem es fast nur um das Einfüllen von Alkohol in möglichst großen Mengen ging. Heftiges Trinken bis zur Bewusstlosigkeit war Teil des Programms.

Auch die Nachfolger der Zaren waren dem Alkohol nicht abgeneigt. Einer von Stalins Söhnen starb an einer Alkoholvergiftung. Besonders bekannt und gut dokumentiert war die Alkoholabhängigkeit Boris Jelzins (1931–2007). Er betrank sich jeden Tag und sein Alkoholismus führte bei Staatsbesuchen oder offiziellen Ereignissen oft zu peinlichen Situationen. Bekannt ist unter anderem die Szene, als Jelzin 1995 nur mit einer Unterhose bekleidet vor dem Weißen Haus ein Taxi anhalten wollte, um eine Pizza zu besorgen. Somit wundert es eigentlich, dass dieser Schwerstalkoholiker in einer für Russland sehr schwierigen Zeit alle seine Gegner besiegen und sich so lange an der Macht halten konnte. Von Jelzin wird auch berichtet, dass er in der letzten Phase seiner Regierungszeit senil gewesen sei. Damit wäre er vielleicht ein guter Kumpel eines zeitgenössischen amerikanischen Präsidenten gewesen, der unter anderem die Gangway herunterfiel.

Zu den berühmteren Alkoholikern der Geschichte gehören weiters Kaiser Claudius, Dschingis Khan, Ulysses S. Grant, Otto von Bismarck, Mustafa Kemal Atatürk (eindeutig Opfer einer Leberzirrhose), Winston Churchill oder Kim Jong-il.

Wir verwenden Begriffe wie Senilität oder Demenz oft sehr beliebig. Der Demenzbegriff stammt aus der Juristensprache des 18. Jahrhunderts und wurde seinerzeit für alle geistigen Störungen verwendet. Seit der ersten Hälfte des 19. Jahrhunderts wurde dann zwischen dem angeborenen und dem erworbenen Schwachsinn unterschieden. Von nun an verwendete man das Wort „Demenz" nur mehr für zweiteren. Galt lange Zeit nur das Endstadium des geistigen Abbaus als Demenz, so sah man spätestens seit Eugen Bleuler im Jahre 1916 die Demenz als Prozess mit einem unterschiedlich langen Verlauf und verschiedenartigen Veränderungen. Seitdem hat man das Demenzsyndrom in seiner Definition laufend erweitert und man geht auch von reversibeln und irreversibeln Störungen aus. Wichtig ist dabei aber, dass das Gedächtnis betroffen ist und der Alltag nicht mehr richtig bewältigt werden kann.

Der Begriff „Senilität", der oft anstelle von „Demenz" verwendet wird, bezeichnet die „Greisenhaftigkeit", ist ziemlich ungenau und gilt heute als abwertend. Gebrechlichkeit, Hinfälligkeit und Altersschwäche im Gesamten werden damit umrissen. Dabei ist aber das Nachlassen geistiger Fitness nur eine unter vielen Formen der Altersschwäche.

Alois Alzheimer (1864–1915) war ein Neuropathologe und Psychiater aus Deutschland, der eine Form von Demenz beschrieb, die heute allgemein Alzheimer-Krankheit genannt wird. Alzheimer wird von den meisten Menschen als die schwerste Form der Demenz betrachtet. Es gibt eine Reihe von Politikern, die nachweislich an Alzheimer litten.

Ronald Reagan (1911–2004) ist einer der bekanntesten Fälle. Es ist umstritten, wann die Krankheit bei ihm ausbrach. Sein Sohn Ron Reagan schrieb, dass dies vermutlich schon während seiner Präsidentschaft geschah. Sein Vater habe immer mehr Worte vergessen und schon 1986 keine Erinnerung mehr an die Namen der Gebiete rund um seine Heimatstadt Los Angeles gehabt. Reagan war zwei Perioden lang bis 1989 Präsident, offiziell diagnostiziert wurde die Krankheit erst 1994. Der damals 83-jährige Reagan wandte sich nach der Diagnose in einem Brief an die Öffentlichkeit und machte seine Erkrankung publik. Er starb erst zehn Jahre später.

Auch die britische „Eiserne Lady" **Margaret Thatcher** (1925–2013) war ein Alzheimer-Opfer. 1996 wurde bekannt, dass sie an einer merkwürdigen Persönlichkeitsveränderung litt. Sie begann damit, sich selbst oft in Diskussionen zu wiederholen, man merkte ein Nachlassen ihrer einst großen persönlichen Energie, sie hatte Hörschwierigkeiten und konnte einem längeren Gespräch nicht mehr folgen. 2000 und 2001 erlitt Thatcher mehrere Schlaganfälle, was ihren Zustand deutlich verschlechterte. Sie konnte wegen ihres Zustandes auch nicht mehr beim Begräbnis von Ronald Reagan sprechen, obwohl dieser sich das gewünscht hatte. Die „Eiserne Lady" starb 2013 mit 87 Jahren.

Ein anderes mutmaßliches Alzheimer-Opfer ist **Winston Churchill** (1874–1965), der ähnlich wie Thatcher gegen Ende seines Lebens mehrere Schlaganfälle erlitt. Dazu kommt noch **Harold Wilson** (1916–1995), ebenfalls ein ehemaliger britischer Premierminister. In Deutschland erkrankte der ehemalige Ministerpräsident von Niedersachsen **Ernst Albrecht** (1930–2014) an der Krankheit. Seine Tochter Ursula von der Leyen gab in einem Interview an, dass sie nach der Diagnose einen Schock erlitten hatte.

Das Schicksal wollte es, dass die beiden bedeutendsten Feldherren ihrer Zeit, **Prinz Eugen von Savoyen** (1663–1736) und **John Churchill 1. Duke of Marlborough** (1650–1722) ihr Leben in Senilität beenden mussten. Prinz Eugen zeigte in seinen letzten Lebensjahren einen eindeutigen geistigen Verfall, der sich im Polnischen Erbfolgekrieg leider sehr negativ für das Habsburgerreich auswirkte. Der bisher in enorm vielen Schlachten ungeschlagene Feldherr, der mit seinen damals 70 Jahren noch gar nicht so alt war, wurde gegen die französische Armee geschickt, die er schon wiederholt besiegt hatte. Doch nun offenbarte sich seine katastrophale Senilität, die mit Ängstlichkeit kombiniert war. So verwechselte er angeblich manchmal Freund mit Feind und sah tatenlos zu, wie die Franzosen die wichtige Festung Philippsburg vor seinen Augen in Besitz nahmen. Letztlich sorgten aber die mangelnden Fähigkeiten der französischen Kommandeure dafür, dass dieser Feldzug nicht zu Eugens einziger Niederlage und zu einem finalen Fiasko wurde. Er starb schließlich am 21. April 1736 in Wien.

Somit hatte Eugens Alterssenilität keine gravierenden Auswirkungen auf die Weltgeschichte. Selbiges kann man sicher auch für die oben noch erwähnten Alzheimer-Erkrankungen konstatieren.

Die Alkoholsucht mancher Regenten war hingegen sicher immer wieder ein Grund dafür, dass gewisse Entscheidungen, die sie trafen, seltsam oder gar falsch waren. Und wenn etwa wichtige Vertraute ihren Einfluss verloren, weil die Staatsmänner diese unter Alkoholeinfluss entfernten, wenn nicht sogar umbrachten, so konnte dies sicher Auswirkungen auf den Verlauf der Geschichte nehmen. Ob die Auswirkungen aber derart groß waren, dass es zu vollkommen anderen historischen Entwicklungen gekommen wäre, wenn die jeweiligen Regenten nicht vom Alkohol abhängig gewesen wären, lässt sich schwerlich belegen.

FAZIT

Die hier vorgestellten Geschichten über kranke Herrscher stellen natürlich nur eine Auswahl dar, die dem Autor repräsentativ erschienen. Noch heute legen einige Regenten einen schrecklichen Mangel an Empathie gegenüber den von ihnen regierten (oder sollte man „beherrschten" sagen?) Menschen an den Tag. Oft wird beklagt, dass es sich bei unserer sogenannten politischen „Elite" um eine negative Auslese handle, da die wirklich Begabten die Politik absolut meiden würden. Der Umstand, dass politische Macht mehr oder weniger intelligente Psychopathen magisch anzieht, konnte in der vorliegenden Arbeit kaum erfasst werden und würde wohl Stoff für ein weiteres Buch liefern.

Es wurde aber sicher deutlich, dass es sich in den meisten der hier angeführten Fälle sehr schwer beweisen lässt, inwieweit eine Krankheit oder Behinderung eines Herrschenden wirklich geschichtsmächtig war und mehr oder weniger starken Einfluss auf den weiteren Fortgang der Geschichte hatte. In einigen Fällen erscheint dies dennoch signifikant. Andererseits kann man darüber spekulieren, ob nicht etwa Kriege, welche die Geschichte der Menschheit so lange geprägt haben, nicht einen weit größeren Einfluss auf den Fortgang der Geschichte hatten.

Hätten etwa das Deutsche Reich und damit die Mittelmächte mit einer erfolgreichen Umsetzung des sogenannten Schlieffen-Plans im Jahr 1914 den Ersten

Weltkrieg gewonnen, würde die heutige Welt vermutlich ziemlich anders aussehen. Und dann wäre die merkwürdige Persönlichkeit Kaiser Wilhelms II., die er wahrscheinlich unter großem Einfluss seiner Behinderung entwickelt hatte, für den Fortgang der Geschichte völlig unerheblich geblieben.

„Was wäre wenn" ist ein interessanter Ansatz, der vor allem Laienhistoriker/-innen und Geschichtsinteressierte fasziniert, während er in der akademischen Geschichtsschreibung noch immer weitgehend verpönt ist. In einer Zeit, in der viele Wissenschaftler/-innen die Existenz von Paralleluniversen nicht mehr ausschließen, erscheint aber vieles möglich. Bei der ganzen Spekulation sollte man jedoch nicht ausschließen, dass selbst bei einigen anders verlaufenen historischen Entwicklungen unter dem Strich vielleicht doch eine Art von Welt herausgekommen wäre wie jene, in der wir jetzt leben.

QUELLEN UND LITERATUR

Accoce, Pierre u. a.: Kranke machen Weltgeschichte. Wien 1978.

Ackerknecht, Erwin H.: Geschichte und Geographie der wichtigsten Krankheiten. Stuttgart 1963.

Angetter, Daniela: Krieg als Vater der Medizin. Wien 2004.

Berger, Silvia: Bakterien in Krieg und Frieden. Göttingen 2009.

Clausewitz, Carl von: Der russische Feldzug von 1812. Essen 1984.

Ebstein, Wilhelm: Die Krankheiten im Feldzuge gegen Rußland 1812. Stuttgart 1902.

Gerste, Ronald D.: Wie Krankheiten Geschichte machen. Stuttgart 2020.

Green, Vivian H.: Macht und Wahn: Geisteskranke Herrscher von der Antike bis heute. Essen 2006.

Hacker, Jörg: Menschen, Seuchen und Mikroben. München 2003.

Hamer, Hajo; Bossle Hans: Epilepsie – Krankheitsbild und Therapie. München 2013.

Honigsbaum, Mark u. a.: Das Jahrhundert der Pandemien. München 2021.

Jocobson, Jens: Schatten des Todes: Die Geschichte der Seuchen. München 2012.

Jütte, Robert: Krankheit und Gesundheit in der frühen Neuzeit. Stuttgart 2013.

Kleßman, Eckart: Napoleons Rußlandfeldzug in Augenzeugenberichten. München 1972.

Lesny, Ivan: Die Krankheiten der Mächtigen. Berlin 1991.

Leven, Karl-Heinz: Die Geschichte der Infektionskrankheiten. Landsberg 1997.

Lieven, Dominic: Russland gegen Napoleon. München 2011.

McNeill, William H.: Seuchen machen Geschichte. München 1978.

McNeill, William: Die großen Epidemien. Bergisch Gladbach 1983.

Meier, Mischa (Hg.): Pest. Die Geschichte eines Menschheitstraumas. Stuttgart 2005.

Merke, Franz: Geschichte und Ikonographie des endemischen Kropfes und Kretinismus. Bern 1971.

Murken, Jan Dieter: Taschenlehrbuch Humangenetik. Stuttgart 2017.

Neumann, Hans-Joachim: Weltgeschichte im Spiegel von Krankheiten. München 1991.

Neumann, Hans-Joachim: Erbkrankheiten in europäischen Fürstenhäusern. Augsburg 2002.

Petersen, Günter: Die Haut und ihre Krankheiten in Wissenschaft, Kultur und Geschichte. Berlin 2019.

Schaaf, Christian P.: Basiswissen Humangenetik. Berlin 2013.

Schneble, Hansjörg: Heillos, heilig, heilbar. Die Geschichte der Epilepsie von den Anfängen bis heute . Berlin 2003.

Spinney, Laura; Hübner, Sabine: 1918 – Die Welt im Fieber. München 2018.

Stevenson, Robert S.: Famous Illnesses in History. London 1963.

Vasold, Manfred: Grippe, Pest und Cholera. Eine Geschichte der Seuchen in Europa. München 2008.

Volker, Reinhardt: Die Macht der Seuche. München 2021.

Wilderotter, Hans (Hg.): Das große Sterben. Seuchen machen Geschichte. Berlin 1995.

Winegard, Timothy C.: Die Mücke. Das gefährlichste Tier der Welt und die Geschichte der Menschheit. Salzburg 2020.

Winkle, Stefan: Die Geschichte der Seuchen. Köln 2021.

Zamoyski, Adam: 1812: Napoleons Feldzug in Russland. München 2012.

Zittlau, Jörg: Matt und elend lag er da. Berühmte Kranke und ihre schlechten Ärzte. Berlin 2009.

Internetquellen

https://www.diepresse.com/3851923/epidemien-aus-der-geschichte-und-der-gegenwart#slide-16

https://de.wikipedia.org/wiki/Liste_ungew%C3%B6hnlicher_Todesf%C3%A4lle

https://web.archive.org/web/20110613055541/http://www.fu-berlin.de/presse/publikationen/fundiert/2002_01/02_01_winau/index.html

http://www.luebeck-kunterbunt.de/TOP100/Syphilitiker.htm

https://www.borg-wolfsberg.at/uploads/images/site/1420/content2_text1/Seuchen_machen_Geschichte_HO.pdf

https://www.watson.ch/wissen/international/449147169-geschichte-der-seuchen-diese-13-pandemien-hat-die-menschheit-ueberlebt

https://www.leben-im-mittelalter.net/wissenswertes/171-die-gesundheit-der-herrscher.html

http://www.forum-geschichte.at/Forum/showthread.php?tid=7232

https://de.rbth.com/geschichte/80017-krankheiten-russischer-herrscher

https://www.alzheimer-forschung.de/alzheimer/wasistalzheimer/geschichte-der-alzheimer-krankheit/

https://www.deutsche-apotheker-zeitung.de/daz-az/2001/daz-15-2001/uid-529s

https://www.epilepsie-selbsthilfegruppe-hamburg.de/menschen_g.htm

http://www.epilepsiemuseum.de/alt/caesard.html

https://www.epilepsie-lehrerpaket.de/docs/585_beruehmte_menschen.html

https://www.mvorganizing.org/how-did-nietzsche-get-syphilis/

https://www.dw.com/de/seuchen-pest-corona-ausstellung/a-59356592

https://www.watson.ch/wissen/international/449147169-geschichte-der-seuchen-diese-13-pandemien-hat-die-menschheit-ueberlebt

https://www.t-online.de/nachrichten/wissen/geschichte/id_83425036/wie-eine-mysterioese-seuche-die-azteken-beinahe-ausgerottet-hat.html

https://www.welt.de/geschichte/article199067983/Cholera-Epidemie-Der-Tod-begleitete-die-preussische-Armee-vor-Wien.html

https://www.alk-info.com/portraets/455-alexander-der-grosse-war-alkoholiker-machtrausch-orgien-delirium-koenig-feldherr-eroberer-homosexuell-hephaistion-aristoteles

https://www.spiegel.de/politik/spectrum-alexander-der-grosse-ein-saeufer-a-1dd47812-0002-0001-0000-000014316510

https://www.welt.de/geschichte/plus214847372/Zaren-Wodka-So-trank-sich-Russland-regelmaessig-in-den-Ruin.html

https://en.wikipedia.org/wiki/List_of_people_with_epilepsy

https://www.spiegel.de/geschichte/hitlers-krankheiten-a-948699.html

https://www.spiegel.de/politik/das-letzte-stueck-a-9bcb4125-0002-0001-0000-000046266092

https://www.welt.de/geschichte/article115830898/Blei-Syphilis-Verkalkung-was-toetete-Lenin.html

https://de.kuzminykh.org/1310-90-interesting-facts-about-ivan-the-terrible.html

https://www.welt.de/kultur/history/article1069173/Iwan-der-Schreckliche-ein-Zar-im-Blutrausch.html

https://www.britannica.com/biography/Benito-Mussolini

REGISTER

GROẞE SEUCHEN UND PANDEMIEN

Die Geschichte von Pest, Cholera, COVID-19 & Co.

Helmut Neuhold

Medizingeschichte ist zu einem guten Teil auch eine Chronik der Seuchen (Epidemien) und Pandemien. Und so gut wie immer sind ihre Opferzahlen deutlich höher als jene, die durch Kriege und gewaltsame Ereignisse verursacht wurden.

Vor allem Pest, Cholera, Pocken, aber auch Typhus, Diphtherie und nun jüngst COVID-19 waren und sind regelrechte Geißeln der Menschheit, die auch in Europa immer wieder auftreten können. Letztlich bewirkten sie oft soziale Umbrüche, neue Formen von Spiritualität und eine veränderte Wirtschaftslage. Auch dies ist heute nicht anders, und deshalb erscheint es durchaus angebracht, sich mit der Geschichte der Seuchen und Pandemien zu befassen, um daraus letztlich auch Erkenntnisse für unsere Zeit ableiten zu können.

Große Seuchen und Pandemien wagt auch einen Ausblick in die nähere Zukunft, die aus verschiedenen Gründen eine ganze Reihe von weiteren Risiken bereit hält, die das Leben der Menschheit vielleicht auch auf Dauer verändern werden.

1. Auflage
160 Seiten
Softcover
Format 15,5 × 22,5 cm
ISBN 978-3-99052-227-1
Preis: € 17,90 inkl. USt.

FASZINATION JOSEPHINUM

Die anatomischen Wachspräparate und ihr Haus

Sonia Horn
Alexander Ablogin (Hg.)

Die medizinisch-chirurgische Akademie wurde 1785 von Kaiser Joseph II. gegründet. Damit gab es in Wien für längere Zeit zwei universitäre medizinische Institutionen, die jedoch von ihrer Ausrichtung her sehr unterschiedlich waren. Das Josephinum, wie diese Institution bald genannt wurde, war ein Kind seiner Zeit, entstanden aus Vorstellungen und Ideen der Aufklärung.

Allein die Bibliothek umfasste etwa 10.000 medizinische Bücher. Hinzu kam eine reichhaltige und kostspielige Ausstattung, wovon noch heute die in Florenz hergestellten anatomischen Wachsmodelle zeugen.

Sie illustrierten den Bau des menschlichen Körpers und dienten damit nicht nur der medizinischen Ausbildung, sondern im Rahmen von Führungen auch der Öffentlichkeitsbildung und Gesundheitserziehung.

In diesem Buch wird die Geschichte des Josephinums und seiner Wachsmodelle anhand neuester Forschungsergebnisse und mit vielen neuen Fotos detailreich nachgezeichnet.

1. Auflage
184 Seiten
Hardcover
Format 21 × 29,5 cm
ISBN 978-3-99052-005-5
Preis: € 24,90 inkl. USt.

VERLAGSHAUS DER ÄRZTE